鎌倉 鈴木屋酒店の自然派ワインとごはん

兵藤昭　兵藤沙羅

筑摩書房

はじめに

　鈴木屋酒店は鎌倉由比ヶ浜で130年以上続く酒屋です。巷では「自然派ワインの聖地」と称してくださる方もいるようで、ありがたくもあり、こそばゆくもあり。

　そんな鈴木屋酒店を訪れたお客さまのなかには、正面がモルタルの壁で覆われているからか、店を素通りしてしまう方がちらほら。念のために申しておきますと、壁に忍者屋敷よろしく隠し扉があるわけではありません。向かって右側の脇に小さな赤いドアがありますので、そちらが入口になります。

　中に入るとダンボールや木箱と、言うまでもなくワインがびっしり。ぼくが鬼のように仕入れを決行したときは、人がひとり通るのがやっとなことも。倉庫のような店内は一年中、ワインが心地良くいられる温度に保たれていますが、人間にとっては過酷ともいえます。

　「ワインショップ＝敷居が高い」という一般的イメージとは程遠い鈴木屋酒店ですが、先代まではビールや日本酒といったお酒はもちろん、灯油やタバコなども扱うジェネラルストアのような酒屋で、4代目のぼくにバトンタッチされてから、徐々によろずや的酒屋からワインショップへ転換していきました。ちょうど転換期初期に自然派ワインに出合い、口先の「おいしさ」とはまたひと味違う、内包するエネルギーの渦のようなものに強く魅入られ、現在も追い求めているという状況です。

　さて、そんな鈴木屋酒店が本を書かせていただいたのですが、「ワインによく合うレシピ本」のようなものではなく、普段のわが家の食事です。一見、ワインと結びつきにくいレシピなれど、わが家ではワインと合わせて食べているものばかり。

　併せて、ワインのこと、お店で販売しているおいしいものなど、ぼくらが日々重ねてきたことを少しばかりご紹介しています。ワインのことがわからない、どう食事と合わせたらいいかと悩んで迷っている方の参考になればうれしいですし、何より楽しくおいしく、飲んで食べることが広がればいいなと思っています。

2024年　収穫の秋に

鈴木屋酒店　兵藤昭・兵藤沙羅

contents

はじめに 3

ワインと料理の話の前に 8

Wineの話──「家飲みをする前に」

1　自然派ワイン、ぼくが思うこと 11

2　食卓にはいつもワイン 13

3　すぐに飲みきってしまうのはもったいない 14

4　抜栓後の保管方法 15

5　スパークリングワイン、実は泡がとんでもおいしい 63

6　料理に合わせる、状況に合わせる、人に合わせる 64

7　飲む温度 65

8　ワイングラスの持ち方 66

9　一度に飲み終えなくても良い 67

鈴木屋酒店のごはん1　**丸ごと食べる、食べ尽くす** 16

[とうもろこし]

1　とうもろこしのポタージュ 18

2　コーンブレッド 20

[豚かたまり肉]

1　豚もも肉のハム 22

2　焼豚 24

[丸鶏]

1　鶏のスープ 27

2　タイスキ 28 ／ シーフードボールのたね 29 ／ タイスキのたれ 29

3　フォー 32

4　カオマンガイ 34 ／ カオマンガイソース 34

5　生春巻き 36 ／ 生春巻きのソース 37

［猪かたまり肉］

1 猪のボリート 38

　　　 ／ 山椒とケッパーのペースト 40 ／ 山椒ペースト 40

2 猪ラーメン 42

3 塩猪 44

4 お皿の上で自分でカルボナーラ 46

［太刀魚］

1 太刀魚の昆布じめと即席蒲焼き 48

2 太刀魚の炙り 50

3 太刀魚の天丼 52

4 太刀魚のだしスープ 55

5 太刀魚だしそうめん 55

［魚介］

1 ブイヤベース 56

2 リゾット 59

コラム　日々していること1　捨てない 60

鈴木屋酒店のごはん2　おばあちゃんが残してくれた味 68

1 おばあちゃんのポタージュ 70 ／ 鶏ガラスープ 71

2 葉玉ねぎの春みそ炒め 72

3 たけのこステーキ 73

4 たけのこ唐揚げ 74

5 たけのこの発酵バターのソテー 76

6 たけのこ姫皮天津 77

7 たけのことあさりのリゾット 78

8 なすのいかだ揚げ 80

9 チキンロースト焼き 82

10 きゃらぶき 86

11 庭の夏みかんのマーマレード 88 ／ クランペット 90

12 いちごジャムのレイヤーケーキ 92 ／ いちごジャム 93

13 栗のケーキ 94

14 道明寺 98 ／ あんこの炊き方 99

15 桜ご飯 101

鈴木屋酒店のごはん 3　漬物や毎日役立つあれこれを作っておく　102

1 返し 103

　「返し」を使って──牡蠣そば 104

2 小松菜の古漬けの炒めもの 106 ／ 小松菜の古漬け 106

　「小松菜の古漬けの炒めもの」を使って──小松菜の古漬けチャーハン 108

3 大根と赤かぶのおしんこふりかけ 109

4 コチュジャン 110

　「コチュジャン」を使って──豚足 自家製コチュジャンの酢みそ添え 111

5 ヤンニンジャン 112 ／ にんにく唐辛子ペースト 112

　「ヤンニンジャン」を使って──チーズチヂミ 113

鈴木屋酒店のごはん 4　パンを焼く　114

酒粕酵母 115

1 酒粕パン 116

2 フォカッチャ 118

鈴木屋酒店のごはん 5

鈴木屋酒店で扱っているおいしいものを使って　120

おいしいもの　121

［おいしいものを使う］

1　塩むすび　126

2　もちもち全粒麺のぶっかけ卵麺　127

3　フォカッチャ卵サンド　128

4　メゾン ボン グゥの型でプリン　130

5　シーザーサラダ　132

6　ケッパーポテトサラダ　134　/ アンチョビバターガーリック　135

7　ボロネーゼラグー　136　/ ボロネーゼパスタ　137

コラム　日々していること 2　吉田さんの野菜のこと　140

Wine Memo この料理にはこんなワイン

＜ 焼豚　26

＜ タイスキ　30

＜ 猪のボリート　41

＜ お皿の上で自分でカルボナーラ　47

＜ 太刀魚のにぎり　53

＜ ブイヤベース　58　　　　　　＜ クランペット　90

＜ おばあちゃんのポタージュ　71　　＜ 栗のケーキ　96

＜ たけのこステーキ　75　　　　＜ 道明寺　100

＜ たけのこ唐揚げ　75　　　　　＜ 桜ご飯　100

＜ たけのこ唐揚げ（洋風）　75　　＜ 牡蠣そば　105

＜ なすのいかだ揚げ　81　　　　＜ コチュジャン、ヤンニンジャン　112

＜ チキンロースト焼き　84　　　　＜ シーザーサラダ　133

　　　　　　　　　　　　　　　＜ ケッパーポテトサラダ　135

　　　　　　　　　　　　　　　＜ ボロネーゼパスタ　138

ワインと料理の話の前に

・計量の単位は、大さじ 1 = 15ml、小さじ 1 = 5ml、1 カップ = 200ml、1 合 = 180ml を表します。

・調味料は塩は自然塩、砂糖は主に精製されていない粗精糖やきび砂糖、しょうゆは昔ながらの本醸造のもの（特に表記していない場合、梶田の再仕込み醤油 p.121）、みそは主に自家製のものを使用しています。

・油は菜種油を、その他に太白ごま油、ごま油、エキストラバージンオリーブオイルを用途に合わせて使っています。バターは発酵バター（無塩）を使用しています。

・だしは特に表記していない場合、昆布とかつお節でとったものを使用しています。

・火加減は特に表記していない場合、中火を表します。

・野菜の皮やヘタ、種などは特に表記していない場合、むいたり、取り除いたりしていることを前提にしています。

・オーブンはガスオーブンを使用しています。電気オーブンの場合は、時間と温度を加減してください。また、オーブンを使用する場合は、予熱していることを前提にしています。

・各料理に添えた <Wine Memo> は著者が料理に合わせて選んだワインと、それについてのコメントです。ワインに関する名前や品種、産地などは、以下のように記しています。

ワイン名 / 生産者 原文	Skin Contact Pinot Gris 2021 / Sons of Wine
ワイン名 / 生産者 和文	スキン・コンタクト・ピノ・グリ / サンズ・オブ・ワイン
産地 (国)	アルザス (フランス)
ぶどう品種	ピノ・グリ

・本書で紹介しているワインは 2022 〜 2024 年度、鈴木屋酒店に並んでいたものです。自然や環境を尊重して醸造されているものなので、数に限りがあると同時に、同じ生産者や名称のものでも年によってでき映えもかなり違ってくることをご了承ください。

自然派ワイン、ぼくが思うこと

「私が音楽を作るのではない。音楽が私を通して立ち上がる」
これは現代作曲家の武満徹氏が作曲について表現した言葉です。この言葉に出合ったのは大学生の頃で、それ以降この言葉はぼくの座右の銘のような、美的判断基準のようなものになっています。

「音楽」のところにはいろいろな言葉が入りそうです。優れた料理人の素材を活かした「料理」や、民藝が持つ「用の美」もそうなのかもしれませんし、物書きによる「言葉がおりてくる」という瞬間なども。

自然派ワインの生産者もまさにこういった境地でワイン造りを行っているのではないでしょうか。音楽も料理も民藝も、そしてワインも人がつくらなければ存在しません。でも、私がつくる、ということではなく、また逆に無為ということでもなく、「私」という主体をモノに刻印しようとせず、モノがおのずと立ち現れるように私を関わらせること。自然派ワインもそんな境地で生み出されたものなのではないかと。

自然派の生産者の畑に足を踏み入れたときにぼくがいつも感じるのは、それぞれの生産者によって五感が受けとる印象が変わるということ。例えば、ブドウと共に雑草も虫も存在し、ブドウの生育に好ましいような小さな生態系が生まれる自然派の畑には、生命力を感じる生き生きとした緑もあれば、もっと野性味溢れる緑だったり、整然とした緑もあります。またある人の畑は、楽園のような印象でした。

自然に負荷をかけない栽培を目指し、ブドウと畑に真摯に向き合っていることは同じでも、そこから生まれた畑の印象には豊かなバリエーションがあるのです。このバリエーションの豊かさは、同じエリア、距離にして 300 メートルほどの違いでも感じられます。

慣行農法による画一的な畑に比べ、自然派ワインの畑に豊かなバリエーションが生まれることは不思議であり、うれしくもあります。当たり前のようですが、みんな同じじゃないということを教えられたような気がします。自然な様とはそういうことなのだということを、自然派の畑によって目の当たりにしたような気持ちになりました。

畑仕事は天と地の間で行われる人の営為。天は人の願いなどかまうことなく、変化しながらブドウにエネルギーを注ぎ、太古からの地球の活動で生まれた岩石に、微生物、植物、動物の食い食われる連鎖の中で生まれた土壌でブドウを育んでいます。それがワインへと変化するのは発酵というプロセス。自然派の生産者の発酵は培養酵母を添加するのではなく、自然酵母で自然に発酵する様を見守ります。天と地の間に育ったブドウと酵母は、互いに生き生きと活動することでワインになっていきます。

　そんなふうに作為を手放したところで生まれたワインは、なんと個性的なことか。そういう場所から生まれ出る自然派ワインというのは、無為ではない、自然と人との関わりあいの幸福な姿ではないかと思うのです。

　以上、自然派ワインに思うことを書いてみましたが、「自然派ワインとは何であるか？」について答えているようなものではまったくないのは重々承知です。よく「自然派ワインには明確な定義はありません」という文章を目にします。まったくその通りなんですが、ぼくからしてみればなぜ定義が必要なんだろう？　と思ってしまうのが正直なところです。

　鈴木屋酒店は自然派ワインの専門店として認知していただいているわけで、実際扱っているワインたちはいろいろな方からみて自然派とカテゴライズできるものでしょう。でも、本人たちの中に自然派ワインとみなすための数値的・技術的基準があって選んだのではなく、自分たちが良いな、と思うものを扱った結果にすぎません。「良い」というのは非常にふくらみがある言葉で、これをどんなものが良いのか？　と細かく追究していくのも大事なのかもしれませんが、ぼく個人の性分として、そこはあいまいなままにしておきたいところです。

　ただひとつ、良いって何か？　に答えるとすると、「生き生きとしていること」と答えておきます。「生き生きとしていること」は、対象に一方的に付与されるものではなく、そう感じる主体も問われているようなことではないかと思っています。

Wineの話——家飲みをする前に 2

食卓にはいつもワイン

わが家の晩酌は、ほぼ毎日ワインですが、カミさんが作ってくれる料理は特にワインを意識せずに、食べたいもの、作りたいものが優先です。以前は最初にメニューありきで食材を調達していましたが、最近のわが家では、食材を猟師、釣師、農家さんから直接手に入れられるようになったことで、まずは素材ありきのメニューになってきています。

スーパーで買うよりも手に入る食材の種類は限られていますし、食材は自然にとれるもので、基本、季節に沿っているため、同じ食材が続くこともあります。でも、自然の循環の中で作られている野菜や、自然界に生息していた魚や猪は、同じ素材を食べ続けていても不思議と飽きることはありません。それは、素材の持つフレーバーを味わっているというよりも、素材が持っているエネルギーのようなもの、それを感じているからだと思います。

そのエネルギーは自然が何かを生み出そうとする力、その流れに抗うことなく生まれたものが宿すもの。

自然派ワインに出合ったのは約30年前。ぼくが惹かれ続けているのは、自然派ワインにも自然界に生息しているものと同様のエネルギーを感じているからです。それまで口にしてきたワインとは異質なフレーバーがありつつも、「生き生きとした」とか「体に沁み込むような」といった、自分にとっては新しい価値が体に刻み込まれ、飲み込むにつれ、異質と感じていたフレーバーは意識の後景へと下がっていきました。

味覚は変わっていくものだ。いや、味覚だけではなく「私」が変わっていったのかもしれません。とにかくわが家の食生活が今のようなスタイルになっていったのは、食卓にいつも自然派ワインがあったからなのは確かです。この本に載せた料理をご覧いただければわかるとおり、一見、ワインに結びつかない料理でもワインを飲んでいます。これが意外としっくりいくものです。ワインと料理、それぞれの成分を分析して出てくるような、とある要素が合う、合わないという以前の、うまく言えませんが、同調が大事なように思います。

13

すぐに飲みきってしまうのはもったいない

「ワインは開けたらすぐ飲みきるもの」、そう思っている方は多いのではないでしょうか？　この思い込みは家飲みがもたらしてくれるよろこびを狭いものにしてしまいます。某有名ワインスクールのwebサイトにも、「スパークリングワイン、軽い白は1〜2日、コクのある白は2〜3日、赤ワイン3〜5日、高級な赤ワインで1週間以内に、基本的には開封したら飲みきってしまうのがベスト」と書かれています。

こうなると、「ワインは開けたらすぐ飲みきるもの」が思い込みを超えて、パラダイムになっているかのようです。まずはこの思い込みを外しましょう。

ワインは抜栓すると空気にふれて味わいが変化していきます。「開けたら飲みきるもの」がイメージしているワインの味わいの変化は、開けたてがおいしさのピークで、徐々においしさが失われていく……、そんな感じでしょうか!?　もちろん開けたてからおいしさ全開のワインもありますが、たいてい翌日のほうが味がひらき、まとまり、のってきます。このピークが3日目、もっと先の1週間目にあらわれることもあります。こればっかりは開けてみないとわかりません。また、ピークがひとつだけとも限りません。例えばこんなことも。開けたてはパッとせず10日間くらい様子をみながら飲んでいましたが、さほど大きな変化がなかったのでセラーで放置。そのまま存在を忘れてしまい、4カ月後に思い出して飲んでみたところ、当初とはまったく別物といっていい、素晴らしい味わいに変化していたのです。1年半くらいおいしく飲めたものもありました。その先もおいしく飲めそうでしたが、残念ながらおいしすぎて飲みきってしまい、その先を確認することは叶いませんでしたが。

開けてその日に飲みきってしまっては、そのワインの一部分しか楽しめていません。「開けたら飲みきるもの」という思い込みを、「飲みきったらもったいない」にさらっと書き換えて向き合ってみましょう。家飲みはそこからはじまります!!　また抜栓後、時間の経過により単体としてはピークを越えた風前の灯火のようなものでも、食べ物との組み合わせによって魅力を感じることもあります。

Wineの話——家飲みをする前に 4

抜栓後の保管方法

抜いたコルクを差し戻せばＯＫ。逆さまにすると差し戻しやすくなりますが、コルク上部が汚れていないか確認し、きれいにふいてから使いましょう。

スパークリングワインの保存は専用のキャップがありますので、コレがあれば数日は泡立ちをキープできます。また、スパークリングワインではないのに王冠で栓がされているタイプもあります。このタイプにもスパークリングワイン用キャップが使いまわせますので、１〜２個持っておくと便利です。

ほかにも、ポンプで空気を抜くタイプや、アルゴンガスを注入して酸化を防ぐタイプなど出ていますが、個人的には必要ないかなと思っています。とはいえ、ガジェット好きな方はいろいろ試してみるのも一興。

保管場所は、１日の中で気温のアップダウンが少なく、可能ならば15℃以下の場所だと抜栓後の持ちが良くなります。となると、冷蔵庫が現実的な保管場所になってくると思いますが、冷蔵庫はすでにモノでいっぱい。とても開いたワインを２〜３本置いておくスペースはないな、というならば、特別な機能の付いていない、冷やすだけのシンプルな安い冷蔵庫を導入してみてはいかがでしょう？　10ℓくらいの容量で、ワインを立てておける高さ（40〜45cm）があればＯＫ。温度調節ができるのでしたら、普通の冷蔵庫としては高めの温度、だいたい７〜10℃くらいがいろいろなタイプのワインを保管しておくには便利だと思います。

大事なのは立たせて保管すること。寝かせておくと栓をし直したコルクの隙間から液体がにじみ出やすくなる、ということもありますが、何よりも寝かせるとボトル内の空気とワインの接する面積が多くなり、立たせておくより劣化が早くなってしまいます。

日々飲むワインや開けたワインの保管場所は、ワインセラーよりも良いかもしれません。ワインセラーの導入は、ワインを寝かせてみたい、そんな欲がでてきたときに考えはじめてみてはいかがでしょうか。

鈴木屋酒店のごはん 1

丸ごと食べる、食べ尽くす

食べることは、体がよろこぶものを内に入れること。
体がよろこぶものが本当のおいしさだと思っています。

本当においしいものを作るには時間と手間がかかります。
調理はいたってシンプルですが、手は抜かない。
素材が求めてくる時間をちゃんとかける。

そうやってでき上がった料理は、
自然派ワインと同じ地平にあるので、
"ワインに合う料理"ということを特別意識せずとも、
おのずとワインに寄り添う、
そんな料理になります。

わが家の料理のほとんどは
野菜も肉も魚も丸ごと料理して、
味わい、食べ尽くすことで成り立っています。
ただそれだけを作るために料理をするのではなく、
毎日、持続していくことを考えて
台所に立っています。

丸ごと食べる　とうもろこし1

とうもろこしのポタージュ

材料（作りやすい分量）

とうもろこし…10本

玉ねぎ…1個

バター…85g

鶏のスープ（p.27）…1カップ

生クリーム…1カップ

塩・牛乳…各適量

作り方

1 とうもろこしは包丁で実をこそげる（a）。芯は3等分の長さに切る。
2 鍋に1の芯を入れて水をひたひたに注ぎ、ふたをして強火でとうもろこしの味が出るまで煮出す（b）。
3 玉ねぎはみじん切りにする。
4 別の鍋に玉ねぎとバター40gを入れ、しんなりするまで炒める。こそげたとうもろこしの実を加え、玉ねぎを焦がさないように炒め合わせて（c）、塩少々を加える。
5 2の鍋の湯を濾しながら4の鍋にひたひたになるくらい加え（d）、10分ほど煮る。鶏のスープと塩小さじ2を加えてさっと混ぜ、バター45g（e）を加えて混ぜる。
6 5をミキサーにかけて攪拌し（f）、網で濾す（g）。濾したものはとっておく。生クリームと塩小さじ1を順に加えてそのつど混ぜ合わせる（h）。
* わが家では濃いめに作っておき、それぞれが好みに合わせて牛乳で割って飲んでいます（i）。

19

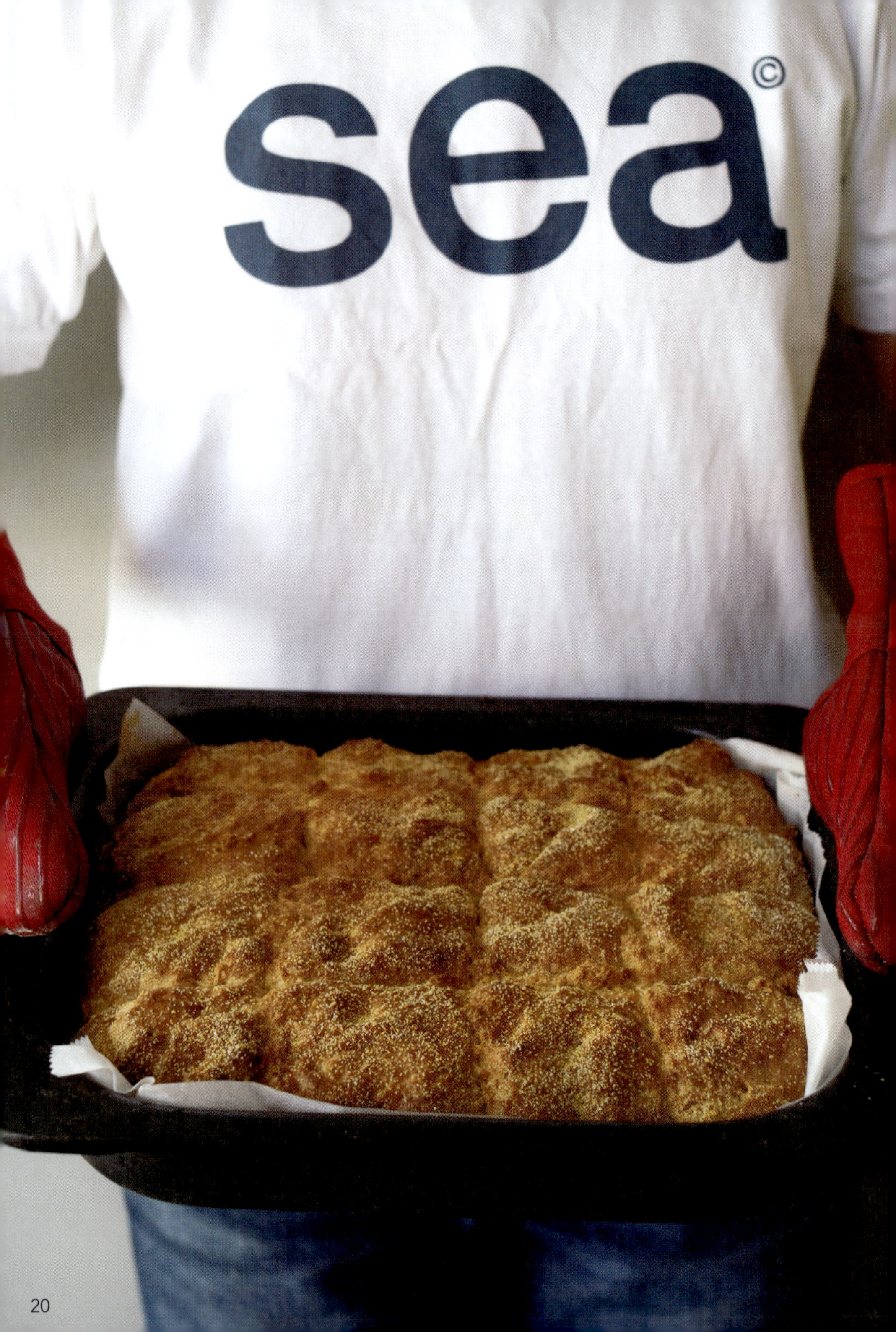
sea©

丸ごと食べる　とうもろこし2
「とうもろこしのポタージュ」を作ったら

コーンブレッド

材料（作りやすい分量）
「とうもろこしのポタージュ」を濾した残り（p.19）…530〜540g
A
├ 強力粉・薄力粉…各300g
├ 塩…小さじ2
└ 重曹…小さじ1
牛乳…1カップ
ドライイースト…小さじ2
砂糖…大さじ3
コーングリッツ…適量

作り方

1　ボウルにAを入れる。
2　牛乳を人肌に温め、ドライイーストを加えて溶く。砂糖と「とうもろこしのポタージュ」を濾した残りを加え混ぜる。
3　2を1のボウルに加え（a）、ヘラで混ぜ合わせる（b）。ラップをかけ、2倍くらいになるまで1時間ほどおいて一次発酵させる。
4　天板にオーブン用ペーパーを敷き、3の生地を広げる。表面にラップをかけ、15分ほどおいて二次発酵させる。
5　表面にコーングリッツをふり、カードで好みの大きさに軽く切り目を入れる（c）。180℃のオーブンで20分ほど焼く。

丸ごと食べる　豚かたまり肉 I

豚もも肉のハム

材料（作りやすい分量）
豚もも肉（かたまり）…1.4kg
塩…20g
A
├ セロリの葉…1本分
├ にんじん（輪切り）…1/2本
└ 玉ねぎ（小・横半分に切る）…1個
マスタード…適量

作り方
1　豚肉は全体に塩をまんべんなくすりこみ（a）、ラップで包んで冷蔵庫でひと晩おく（b）。
2　鍋に1とAを入れ、水をたっぷり注いで火にかける（c）。温度計を入れ、70℃の状態を保ちながら1時間半ほどゆで、粗熱が取れるまでそのまま鍋中におく。
3　好みの厚さに切って器に盛り、オリーブオイル（分量外）をまわしかけてマスタードを添える。
＊　これはゆでたてが一番おいしいので、作りおきせずに食べるタイミングで作ってください。食べるときは人肌くらいの温度がベスト。
＊　残ったハムはサラダやサンドイッチなどに活用してください。

丸ごと食べる　豚かたまり肉2

焼豚

材料（作りやすい分量）
豚肩ロース肉（かたまり）…2kg
（たれ）
- しょうが（薄切り）…80g
- にんにく（大・つぶす）…3片
- 玉ねぎ（薄切り）…1/2個
- 長ねぎ（青い部分・ぶつ切り）
　　…3〜4本
- 八角…4〜5個
- クローブ…10粒
- マーマレード（p.89）…200g
- 甜麺醤…100g
- 豆板醤…40g
- 紹興酒…1/2カップ
- グラニュー糖…100g
- しょうゆ…1/2カップ

作り方

1　豚肉は適当な大きさに切り、フォークで全面に穴をあける（a）。

2　ボウルにたれの材料を入れ（b）、肉を加えて手でよくもみ込む。

3　2の表面にぴったりラップをかけ、あるいは食品用ポリ袋に入れ、空気をしっかり抜いて口を閉じ、冷蔵庫でひと晩おく。

4　3の汁けを軽くきり、網にのせる（c）。天板に湯をはり、200℃のオーブンで10分ほど湯煎焼きにする。もう一度たれにくぐらせ（d）、再び網にのせて180℃で15分ほど湯煎焼きにし、肉をひっくり返してから、160℃でさらに15分ほど湯煎焼きにする（e、f）。

* 肉はなるべく大きいものを買ったほうがいろいろな部位が楽しめるし、おいしいです。
* 焼豚はタコ糸で形を整えて、といわれますが、昔、おばあちゃんがしばったタコ糸をそのまま取り忘れて食卓に出し、大笑いしたことがありました。そのうちわが家ではなんとなくタコ糸でしばるという習慣がなくなりました。形を整えないほうが肉に凹凸ができ、焼き具合に変化が出ておいしくなります。
* おばあちゃんは八角などのスパイスは入れず、生卵を加えていました。おそらく照りを出すためだったと思います。焼豚は甘いくらいのほうがおいしいと思いますし、お酒にもご飯にも合います。マーマレードはおばあちゃん的には陳皮の代わりだったのかなと思います。
* 焼豚にはゆでピーナッツを添えるのがわが家の流行り。あるとき、焼味（シュウメイ）の専門店でそうしていたのがとてもおいしかったので、以来、落花生のシーズンには真似するようになりました。

Wine Memo ＜焼豚

平たくいうとワイン版紹興酒。果皮と種子ごと短期間（8日間）発酵させた、いわゆるオレンジワインなんですが、色調はオレンジを超えたアンバーというか赤錆色という感じ。木樽で6カ月間熟成させている間、あえて空気と接触させることで紹興酒的な香りを生み出しています。でも紹興酒よりもきれいな酸があって、品がいいんですよね。アプリコットの香りに、紅茶程度のやさしいタンニン。ふわっと肉桂のような甘いスパイシーさも。

一見個性強めなワインですが、不思議といろいろな料理に合うのであれこれ試してみたくなります。抜栓後も非常に長持ち。2週間くらい経ってからの、もともとの味わいはくずれつつ腐葉土的な香りが出てきた様子もまたエロチック。

Skin Contact Pinot Gris SB 2021 / Sons of Wine
スキン・コンタクト・ピノ・グリ SB / サンズ・オブ・ワイン
アルザス（フランス） ピノ・グリ SB

丸ごと食べる　丸鶏1

鶏のスープ

材料（作りやすい分量）
丸鶏…1羽（脚、中の骨部分含む）
玉ねぎ（大）…1個
にんにく…3片
赤唐辛子（種を取り除く）…1本
しょうが（厚めに切ったもの）…2〜3枚
香菜の根…2〜3個

作り方
1　玉ねぎは半分に切る。にんにくは包丁の腹でつぶす。
2　寸胴鍋にすべての材料を入れ、火にかける。煮立ったらアクを取り、静かに水面が対流するくらいの火加減で3時間弱ほど煮る。
＊　スープをとった丸鶏の肉はフォー（p.33）やカオマンガイ（p.34）、生春巻き（p.37）に使ったり、ほぐしてサラダに加えたりしています。

丸ごと食べる　丸鶏2　「鶏のスープ」を作ったら

タイスキ

材料（4〜5人分）
鶏のスープ（p.27）…適量
（具材）
├シーフードボールのたね（右記）…全量
└牛赤身薄切り肉・春雨・小松菜・空芯菜・豆苗・白菜・キクラゲ・エノキタケ・豆腐など…各適量
こぶみかんの葉・レモングラス…各適宜
（薬味）
└赤唐辛子・青唐辛子・香菜…各適量
タイスキのたれ（右記）…適量

作り方
1. 春雨は水に浸してから好みの加減にゆでて、食べやすい長さに切る。ほかの具材は食べやすい大きさに切る。薬味は細かく切る。
2. 鍋に鶏のスープを濾しながら適量入れ、あれば、こぶみかんの葉やレモングラスも加えて火にかける。煮立ったらシーフードボールのたねをひと口大ずつ丸めて落とし、火を通す。春雨はスープにさっとくぐらせる。肉や野菜、きのこ類、豆腐は好みの加減に火を通す。たれをつけ、薬味とともに食べる。
* 野菜はお好きなものを。わが家は、冬はターサイ、夏は空芯菜をよく使います。
* タイスキで残ったスープは雑炊に！

シーフードボールのたね

材料と作り方（作りやすい分量）
1. フードプロセッサーにいか（冷凍／ひと口サイズのもの）200gを入れ、撹拌する。
2. 卵白1個分を加えて撹拌し、むきえび400gとナンプラー小さじ2を加えてさらに撹拌する。
3. 香菜の茎（刻んだもの）50gを加えて軽く撹拌する。

タイスキのたれ

材料と作り方（作りやすい分量）
ボウルに腐乳150g、おろしにんにく1片分、タイのホットチリソース230g、グラニュー糖25g、ナンプラー大さじ1、ライムの搾り汁2個分を入れ、よく混ぜ合わせる。好みで濾しても。

左
Valcabrieres 2021/ Clos Fantine
ヴァルカブリエール / クロ・ファンティーヌ
ラングドック（フランス）
テレ・ブラン、テレ・グリ

右
SI Y'A D'LA SYRAH LÀ D'DANS JE
　M'APPELLE BOBBY !!! 2021 /
　La Combe Aux Rêves
シィ・イア・ドラ・シラー・ラ・ダンジュ・マペール・
　ボビー !!! / ラ・コンブ・オー・レーヌ
サヴォワ（フランス）
シラー

Wine Memo

ビビッドな辛み、大豆と魚の発酵した香りと旨み、さわやかな酸み。一見合わせづらそうなタイスキのたれに、果たして合うワインはあるのか？　わが家が気に入っているのは赤ワイン。熟したブドウのエキスを感じさせ、タンニンはそこまで強くはなく、酸化防止剤を入れない、もしくはごく少量に添加を抑えたワインがもつ、身体にじわっと沁み込むような飲み心地のもの。白よりも赤ワインのほうが辛みと濃さをうまくのばしてくれます。さらにオフフレーバーがあると、たれとの妙な一体感が生まれるように感じます。オフがオンになるような、そんな相乗効果です。

白は、たれというよりも、タイスキ終盤のいろいろな具材の旨みが加わったスープと相性良し。ワイン単体では、まだほぐれていなかった味わいが、はらはらとゆるまりヴァルカブリエール（左）の重層的な味わいを表に出し、同時にスープに柑橘のようなさわやかさを加えてくれます。

丸ごと食べる　丸鶏3　「鶏のスープ」を作ったら
フォー

材料（2人分）
米麺…200g
鶏のスープ（p.27）…7カップ
えび…4尾
もやし・キクラゲ（乾燥）…各適量
鶏のスープをとったゆで鶏（p.27）…適量
にら…4本
ホムデン（タイのエシャロット）…1個
香菜の根…適量
赤唐辛子・青唐辛子…各1本
ライム…適量
香菜（葉の部分）…適量
塩…小さじ1/2
ナンプラー…大さじ2
砂糖…ふたつまみ

作り方

1　米麺は水に浸しておく。えびは背ワタを取り、殻をむく。もやしはひげ根を取る。キクラゲは水でもどす。ゆで鶏はほぐす。にらは3cm長さに切る。ホムデンは薄切りにする。唐辛子はそれぞれ半分の長さに切って種を取り除く。

2　鍋に湯を沸かして1の米麺を入れ、1分弱ゆでる。ざるにあけてゆで汁をきり、丼に入れる。

3　別の鍋に鶏のスープを入れ、温める。えび、キクラゲ、香菜の根を加え、えびの色が変わったら塩を加える。煮立ったら、ナンプラーと砂糖を加える。

4　2の丼に3のスープを注ぎ入れ、えびとキクラゲを添える。ゆで鶏、もやし、にら、ホムデン、唐辛子、くし形に切ったライムをのせ、香菜の葉をたっぷりのせる。

＊　タイスキ用に鶏のスープをたっぷりとった翌日は、残りの鶏のスープでフォーを作ります。スープをとった鶏肉もあるから簡単。しかもおいしい。

＊　ホムデンがなかったら、エシャロットや赤玉ねぎで代用可能です。

丸ごと食べる　丸鶏4　「鶏のスープ」を作ったら
カオマンガイ

材料（2〜3人分）
ジャスミンライス…2合
A
├鶏のスープ（p.27）…2カップ
├レモングラス…1/2本
├こぶみかんの葉…4枚
├香菜の根…1個
├ガランガル（タイのしょうが・薄切り）
│　　…2枚
├にんにく…1片
└ナンプラー…大さじ1
鶏のスープをとったゆで鶏（p.27）…適量
きゅうり（薄切り）…適量
香菜（ざく切り）・ライム…各適量
カオマンガイソース（右記）…適量

作り方
1　ジャスミンライスはさっとといでざるに上げる。
2　ゆで鶏は食べやすい大きさにほぐす。
3　厚手の鍋に1とAを入れ（a）、火にかける。ふいてきたら弱火で10分ほど炊き、火を止めて10分ほど蒸らす。
4　器に3を盛り、ゆで鶏、きゅうり、香菜、くし形に切ったライムを添える。カオマンガイソースをつけて食べる。

カオマンガイソース

材料と作り方（作りやすい分量）
1　タマリンドウォーターを作る。小鍋にタマリンド（ほぐしたもの）100gと水2カップを入れ、火にかける。ヘラで混ぜながらひと煮し、網で濾す。
2　鍋に1のタマリンドウォーター150〜200ml、みそ大さじ4、しょうゆ・ナンプラー各大さじ1、みりん大さじ2を入れ、よく混ぜて火にかける。ひと煮立ちしたらおろししょうが90gを加え混ぜる。
＊　タマリンドウォーターは冷蔵庫で2週間ほど保存可。

丸ごと食べる　丸鶏5　「鶏のスープ」を作ったら
生春巻き

材料（20本分）
鶏のスープをとったゆで鶏（p.27）…適量
ビーフン…1袋（約300g）
レタス…1個
香菜…1束
えび…10尾
片栗粉・塩…各適量
鶏のスープ（p.27）…適量
ライスペーパー…20枚
春巻きのソース（下記）…適量

作り方
1 ゆで鶏は細かくほぐす。
2 ビーフンは水に浸してから熱湯で5分ほどゆで、ざるにあけてそのまま冷ます。
3 レタスはせん切りにする。香菜は葉をちぎる。
4 えびは片栗粉と塩を全体にまぶし、軽くもむ。背ワタを取って、殻ごと熱湯でゆで、えびの色が変わったらひと呼吸おいて氷水にとる。殻をむいて半分の厚さに切る。
5 バットに鶏のスープを入れ、湯少々を加えてゆるめ、ライスペーパーを浸す。
6 ライスペーパーがやわらかくなったらまな板の上におき、えび2切れと香菜、ゆで鶏、レタス、ビーフンを各適量ずつのせ、1～2回くるっと巻いてから両脇をたたんで、さらに巻いて包む。残りも同様に巻き、春巻きのソースをつけて食べる。

＊ 鶏のスープにライスペーパーを浸すと油分で乾きにくく、くっつかないので扱いやすいです。しかも仕上がりがモチッとしておいしい。

生春巻きのソース

材料と作り方
甜麺醤とピーナッツバター各60g、太白ごま油10g、グラニュー糖大さじ2と1/2、酢大さじ1を混ぜ合わせる。

＊ 砂糖の量は目安です。甜麺醤の甘さによって調整してください。

丸ごと食べる　猪かたまり肉 1
猪のボリート

材料（6人分）
猪もも肉…800g
猪すね肉…1450g（約3本）
にんにく…2片
塩…大さじ1と1/2

作り方
1　猪の肉は、さっと洗う（a）。
2　鍋に猪肉とにんにくを入れ、水をたっぷり加えて火にかける。沸々してきたら火を弱め、沸騰しないように火加減を調整しながら、肉にゆっくり火を入れる（b）。
3　アクが出てきたらていねいに取る（c、アクが出続けている間は中弱火）。しっかりアクが取れたら弱火にし、1時間ほどしたら塩大さじ1を加える。1時間半〜2時間ほどゆで、残りの塩を加える。

＊　猪肉をゆでたスープは、まずはそのまま飲んでみてください。広がる旨みに驚くことと思います。わが家ではダイヤモンドの一滴と呼んで大事にいただきます。

＊　ボリートのゆで汁（スープ）に加える塩加減は、お吸い物よりも薄味なイメージで調整してください。

＊　ボリートは山椒とケッパーのペースト（p.40）と一緒にいただきます（d）。

山椒とケッパーのペースト

材料と作り方（作りやすい分量）
ケッパー（p.125⑰）と実山椒（塩水漬けにしたもの）各大さじ山盛り1杯とオリーブオイル大さじ1をフードプロセッサーに入れて撹拌し、ペースト状にする。
＊　イタリアンパセリを加えてもおいしいです。ボリートに添えていただきます。

山椒ペースト

材料と作り方（作りやすい分量）
実山椒（旬の時季にゆでて冷凍したもの）大さじ5、実山椒（塩水漬けにしたもの）大さじ2、太白ごま油大さじ2と1/2をミルに入れて撹拌し、ペースト状にする。
＊　大の山椒好き。旬の時季には大量に買い、ゆでてそのまま冷凍するものと塩水漬けのものを作っておきます。塩水漬けは調味料として1年中重宝します。おいしい本わさびが手に入らないとき、うちでは山椒ペーストをわさび代わりにしてお刺身やお肉を食べています。

Wine Memo ＜猪のボリート

このスープ、タンニンがやさしめな赤でも良さそうだし、マセレーション（果皮浸漬技術）長め、タンニンのあるオレンジワインも良さそう。いろいろと合わせてみたいワインはありますが、今回は同席している友人が白ワインしか飲まない、そんな縛りの中でセレクトしました。

猪の旨みが詰まったスープに、ワインでどんなアクセントをつけようか？と考えたときに思い浮かんだのが柑橘の皮の香り。果汁ではなく、少しオイリーさの混じったピールの香りです。前年のヴィンテージがすばらしく柑橘ピールを感じたのでこちらのワインをセレクトしました。ですが、今ヴィンテージは、抜栓直後はおとなしめ。グラスの中で開かせつつ温度を上げることで、なんとかスープとつり合いました。ちなみに、こちらの期待通りのひらき具合に達したのは抜栓後2日目でした。

Vino di Contrada SM 2021 / Arianna Occhipinti
ヴィーノ・ディ・コントラーダSM / アリアンナ・オッキピンティ
シチリア（イタリア）
グリッロ

丸ごと食べる 猪かたまり肉2
「猪のボリート」を作ったら

猪ラーメン

材料と作り方
1 ラーメンの麺適量を好みの加減にゆでる。
2 猪のボリート (p.39) のゆで汁適量にしょうゆ適量を加え、好みの加減に調整する。
3 ラーメン丼に2のスープを入れ、ゆで汁をきった1の麺を加えて、ねぎ適量を小口切りにしてのせる。
* ボリートのゆで汁に再仕込み醤油 (p.121) 適量を加えるだけでラーメンスープになります。
* 猪のボリートを手でちぎってのせて肉麺にしても。

丸ごと食べる　猪かたまり肉3

塩猪

材料（作りやすい分量）と作り方

> 猪バラ肉（かたまり）500gに塩小さじ3〜（肉の重量の約3%）をまんべんなくまぶす。水分をふき取り、厚手のペーパータオルを巻き、上からラップでしっかり包んで冷蔵庫で保存する。1週間〜10日間保存可。

＊ 次の日から食べられます。わが家ではベーコンの代わりに使うことが多いです。

＊ 塩の分量は、塩の味によって加減してください。

丸ごと食べる　猪かたまり肉4　「塩猪」を作ったら

お皿の上で自分でカルボナーラ

材料と作り方

1　ペンネ適量を好みの加減にゆではじめる。

2　塩猪（p.45）適量は、食べやすい大きさに切る。

3　フライパンにオリーブオイル適量を熱し、にんにく1片を包丁の腹でつぶして加える。弱火にかけ、2を加えてじわじわ火を通す（カリカリベーコンを作る要領で）。にんにくが焦げそうなときは取り出す。

4　3で出てきた脂を使って目玉焼きを揚げ焼きにする（外はカリッと中はとろっと）。

5　1のペンネを、ゆで汁をきって器に盛り、3と4をのせる（にんにくも）。オリーブオイルをまわしかけて黒こしょうを挽き、パルミジャーノ・レジャーノをたっぷりけずる。目玉焼きをつぶし、黄身をペンネにからめながら食べる。

＊　ペンネのゆで上がりと目玉焼きが焼き上がるタイミングを合わせるのがポイント。

＊　目玉焼きが大好き!!　普段はパンをお伴に食べるところ、たまたまゆで上がったショートパスタがあったので、それといっしょに食べたところ大ヒット。これって分解・再構築したカルボナーラじゃん！　ぼくってクリエイティブじゃん!!　と刹那に浮かれましたが、偉大なものはすでに存在しているのがこの世の常なわけで、イタリアで「貧乏人のパスタ」と呼ばれているのがソレでした。イタリアのパスタ文化の奥深さに敬意を払い「貧乏人のパスタ」とするほうが筋だよな、とは思いつつも、「貧乏人の」と言うにはあまりにも素晴らしすぎるので、わが家ではこの名前になりました。

Wine Memo

この料理の味わいを増幅させてくれるようなワインとなると、程良い濃さを持った赤、例えばサンジョヴェーゼを使ったワインならば至福だとは思いますが、今回は白を合わせてみました。

果皮ごと発酵させたオレンジワインになりますが、漬け込む時間は比較的短め。マルヴァジーアのほっこりしたアロマチックを生かしつつ、果皮が程良い骨格を与えています。温度を上げたほうが本領発揮するタイプのワインなので、この料理がワインに求める温度帯とも一致。この料理の醍醐味は、塩猪、白身、黄身、チーズ、胡椒、パスタのコンビネーションを自分の好みで塩梅しながら楽しむことにあるのですが、どういった味変になろうとも受け止める懐の深さもあるように感じました。

Malvasia in Rovere 2018 /
　Nicolini
マルヴァジーア・イン・ローヴェレ /
　ニコリーニ
フリウリ（イタリア）
マルヴァジーア・イストゥリアーナ

丸ごと食べる　太刀魚1
太刀魚の昆布じめと即席蒲焼き

下処理
1 太刀魚は頭を落として内臓を出し、3等分の長さに切る。
2 ペーパータオルで水けをふき取り、内臓を取り出した部分にはペーパータオルを丸めて入れる。それぞれをペーパータオルで巻き、さらにラップで包む（a）。ジッパー付き保存袋に入れ、冷蔵庫で保存する。
3 頭はエラを取って塩水でよく洗い、保存容器、またはジッパー付き保存袋に入れて同じく冷蔵庫で保存する。

材料と作り方
1 ペーパータオルに日本酒適量を含ませ、昆布適量の表面をふく。
2 下処理をした太刀魚適量を3枚におろす。腹身の部分はそぐ（蒲焼き用）。
3 太刀魚の大きさに合わせて1の昆布を切り（b）、2の上下2枚を昆布で挟む。ラップで包み、冷蔵庫でひと晩おく。
4 昆布を取り除き、食べやすい大きさに切ってわさびじょうゆや塩で食べる。
5 2の腹身部分は、網焼きにしてから蒲焼きのたれ（p.53）をぬる。
＊ 腹身は脂が多いので捨ててしまう人も多いけれど、もったいないのでぜひこうして食べてみてください。そのままでもおいしいですが、にぎりにしても。

丸ごと食べる　太刀魚2

太刀魚の炙り

材料と作り方

1　下処理をした太刀魚（p.49）適量を3枚におろす。腹身の部分はそぐ（とっておき蒲焼きにするといい。p.49）。

2　焼き網やバーナーなどで皮目を炙り、脂が溶けてじわっとしたところに塩、梅肉、山椒ペースト（p.40）など好みのものをつけて食べる。

＊　最初は刺身で食べて、それからグリルで焼いて、そのあとは蒲焼きにするのもいいんじゃない？といった話をしながら食べるのが楽しい太刀魚づくしの日。

＊　新鮮な太刀魚が手に入ったらまず食べるのがこの、昆布じめと炙り。炙りは夫が担当で、脂がじわっと溶けたあたりのちょうどいい加減のものを次々、家族の器に落としてくれるので、それを逃すことなく、熱々のうちに好みの調味料をつけて食べます。私は昆布じめにはわさびじょうゆ、炙りには梅干しをちぎってのせるのが好き。おいしい塩をふったり、柚子こしょうやポン酢で食べるのもおいしいです。それぞれが好みのたれをつけては「これもおいしいよ！」と教え合うのも楽しい時間です。

＊　酢飯を作り、炙った太刀魚をにぎりや丼にしてもおいしいです。丼に酢飯を盛り、炙った太刀魚をのせてねぎなどの薬味を添えてレモンを搾り、しょうゆを好みの加減でかけて完成。

＊　アラ（3枚おろしの真ん中の、骨の付いた部分）はオーブン、または魚焼き器で焼き、スープをとるときに加えます（p.55）。

丸ごと食べる　太刀魚3
太刀魚の天丼

材料と作り方
1. ボウルに卵1個、小麦粉・水各大さじ3を入れ、混ぜ合わせて揚げ衣を作る。
2. 3枚おろしにした太刀魚適量を食べやすい大きさに切り、1の揚げ衣にくぐらせる。余分な衣を落とし、180℃の揚げ油にそっと入れる。上がってきたら(a)、すぐ引き上げる。
3. 丼にご飯を盛り、天丼のたれ適量をまわしかける。揚げたての2をのせ、たれ適量をかける。好みでねぎを刻んだものや山椒をふる。

＊ 天丼のたれは返し (p.103) 3に対してみりん1を合わせてひと煮したものを使っています。p.49の即席蒲焼きのたれも同様。

Wine Memo ＜太刀魚のにぎり

ありがたいことに、友人の釣師のおかげで年間どれだけの太刀魚を食べることができているだろう。生で良し、炙って良し、煮ても焼いても揚げても良し。
そんな太刀魚はいろいろなワインに合うので、づくしのときはワインで味変するつもりでたくさん試してみてください。一例として、太刀魚のにぎりには泡を合わせてみました。酢飯と泡は大好きな組み合わせです。オリを残したうす曇りな外観、ベースのワインの味わいがしっかりとしているタイプで、やさしい泡立ちが口内でシャリを気持ちよく踊らせてくれます。

Ripa di Sopravento 2021 /
　Vittorio Graziano
リーパ・ディ・ソプラヴェント /
　ヴィットーリオ・グラツィアーノ
エミリア・ロマーニャ(イタリア)
トレッビアーノ・モデネーゼ、トレッビアーノ・ディ・スパーニャ

丸ごと食べる　太刀魚4
太刀魚のだしスープ

材料と作り方
1. 寸胴、または深さのある鍋に下処理した太刀魚(p.49)の頭を5尾分入れる。水をひたひたに注ぎ入れ、弱火にかける。水が半分くらいになるまで煮出し、酒大さじ3、長ねぎの青い部分適量、昆布10cm角1枚を加える。
2. 3枚おろしにしたアラ(真ん中の骨のついた部分)をオーブン、または魚焼き器で焼き、1に加える。出てきたアクは取る。塩(おのころしずくしお〔p.121〕)としょうゆで調味する。

丸ごと食べる　太刀魚5
「太刀魚のだしスープ」を作ったら
太刀魚だしそうめん

材料と作り方
1. そうめん適量をゆで、流水でしめる。
2. 太刀魚のだしスープ適量を鍋に入れて温め、1の水けをきってさっとくぐらせ、椀に盛ってスープを注ぐ。
* ここまでやろうと思わせる魚がすごい。スーパーで買ってきた魚ではここまでやろうと思わない。だから素材は大切。魚があがったときはどんなに忙しくてもひるまず買う！　それが漁師さんとの付き合い方です。

丸ごと食べる　魚介1
ブイヤベース

材料（作りやすい分量）
あさり…10〜12粒
花鯛(小)・赤むつ(小)…各1尾
赤いか(小)…4はい
赤えび(頭付き)…4尾
玉ねぎ…1/2個
長ねぎ…1/2本
セロリの葉…1/2本分
セロリ(茎部分)…1/2本
パプリカ(赤と黄)…各1/2個
にんにく…2片
イタリアンパセリ…1パック
トマト…1個
サフラン…ひとつまみ
白ワイン…1カップ
塩…適量
オリーブオイル…適量

下準備

1　あさりは殻をこすり合わせて洗い、砂出ししておく。

2　花鯛と赤むつは内臓を出し、塩適量を加えた白ワイン（分量外）で洗う。厚手のペーパータオルで包み、冷蔵庫でしばらくおき、余分な水分を取る。

3　サフラン水を作る。サフランは水1ℓに浸し、3時間以上おく（リゾットを作るときにも使うので多めに準備しておくといい）。

作り方

1. 赤いかは内臓を取り、軟骨を外す。食べやすい大きさに切ってペーパータオルで水けをふき取る。赤えびは背ワタを取る。
2. 玉ねぎ、長ねぎ、セロリ、パプリカ、にんにく、イタリアンパセリはみじん切り、トマトはざく切りにする。
3. 厚手の鍋にオリーブオイルを熱し、花鯛と赤むつを、ペーパータオルを外して入れ、両面を焼く。焼き目がついたら取り出す。
4. 3の鍋に1を入れ、塩を軽くふって焼く。色が変わったら取り出す。
5. 4の鍋に玉ねぎと長ねぎを入れ、炒める。全体に油がまわったらセロリとパプリカを加えて炒め合わせる。しんなりして香りが立ったら3と4を戻し入れ、トマトとあさりを加える。
6. 白ワイン、サフラン水3カップ、にんにく、イタリアンパセリ、塩小さじ2を加えてふたをし、中火にする。煮立ったらオリーブオイルをたっぷりまわしかけ、軽くひと煮にする。

Wine Memo

魚介の濃厚な旨みが詰まったブイヤベースですが、その日手に入れられた魚種によって仕上がるスープの印象は変わってきますし、その日の自身の気分でどんなワインとの合わせ方をしたいかも変わってくると思います。というよりも、ワインを合わせることを通して、自分がどんな気分なのか訊いてみましょう。

そこで「次に何を飲むか」が、どう転がるかを考えるベースとなるようなワインとしてセレクトしました。赤ワインと白ワインをブレンドしているワインで、色調は軽い赤ワインを連想させるルビー色。赤いベリーの中に白ワインの柑橘的な酸があり、ソフトながらタンニンもあります。ここを基準に白ワインにいくも良し、赤ワインにいくも良し。

Pinheiro Jaen Touriga Encruzado 2021 / Ladidadi Wines
ピニェイロ・ジャエン・トウリガ・エンクルザード / ラディダディ・ワインズ
ダオン（ポルトガル）
黒ブドウ50%：ジャエン、トウリガナショナル
白ブドウ50%：エンクルザード、セルシアル

丸ごと食べる　魚介2　「ブイヤベース」を作ったら
リゾット

材料（作りやすい分量）
生米…2合
ブイヤベースのスープ（p.58・濾したもの）…全量
サフラン水（p.57）…適量
オリーブオイル…適量
バター…適宜

作り方
鍋にオリーブオイルと生米を入れ、弱火で炒める。米が半透明になってきたらブイヤベースのスープを少しずつ加える。米の状態に合わせて少しずつスープを足しながら、好みのやわらかさになるまで煮る。途中、水分が足りなかったらサフラン水も加える。仕上げに好みでバターを落としても。

＊　ブイヤベースの一番のお楽しみ。ブイヤベースはこれを食べたいがために仕込むようなもの。ブイヤベースを作るときにサフラン水を少し多めに作っておくと、すぐにリゾットが作れるのでいいと思います。

日々していること 1

捨てない

　コンポストで生ごみを減らす方法に興味はあったものの、悪臭、虫がわくなどの失敗談をよく耳にしていたので、長い間踏み出せずにいましたが、数年前「菌ちゃん先生（＊）の発酵生ごみ農法」という興味深い農法に出合い、ようやくその一歩を踏み出すことができました。

　それは発酵させた生ごみを活用し、すばらしい野菜ができるという画期的な農法で、発酵させた生ごみ（有機物）が土の中で腐敗という分解ルートを通らずに、発酵という分解ルートで土に還っていくというもの。

　土に生ごみを直接入れると腐敗という分解が起こります。このプロセスが悪臭や虫がわくなど、人間にとって不快な部分です。一方、発酵させた生ごみはすでに発酵分解がはじまっている状態なので、土に入ったときにスムーズに微生物による分解がはじまるというわけです。ボカシ（糠に少しの塩と野菜や果物のくずを入れ、漬物のようにしたもの）をコンポストの土へ入れると、2〜3週間ほどで見事に分解され、その土は微生物と栄養が豊富な堆肥となります。コンポストの隣に小さな畑を作り、今では裏庭でおいしい野菜が収穫できるようになりました。

　焼却施設で水分の多い生ごみを燃やすには多くのエネルギーを必要とし、残った灰には有害物質も多く含まれるため自然の土に還すことはできません。燃えるごみの日に重たい生ごみを捨てに行き、重たい気持ちを持ち帰っていたのが、今ではごみが小さく軽くなり、心も軽くなってウキウキ捨てに行く日々。生ごみリサイクルをはじめて、自分たちが生きるためにいただいた食べ物の残りを土に還せて、その土からまた植物が育つのを見ると、地球の「いのちの循環」に少しだけ接続できたように思えてうれしい！　台所仕事はひとつ増えたけれど、日々の驚きと感動はさらに増えていくばかり。創造とよろこびにあふれる台所仕事が大好きです。

＊　菌ちゃん先生＝吉田俊道さん。長崎県佐世保市で農薬、化学肥料を使わない自然の力を生かした農業を実践している。

Vinai Ota
ヴィナイオータ

Wineの話

Cielo
Vite - Uomo = Vino?
Terra

スパークリングワイン、
実は泡がとんでもおいしい

　飲みきってしまったらもったいないのは、泡のないスティル・ワインだけではなく、スパークリングワインでも同じだよね、と思っています。

　飲みきらないと泡が消えてしまいそうで1日で飲みきってしまう。飲みきれないから家ではスパークリングワインを開けられない……。そう思っていらっしゃる方、スパークリングワイン専用の気抜け防止ができるストッパーで栓をすれば大丈夫。ワインにもよりますが、3日間くらいは開けたてと同じくらいのガス圧をキープ、抜栓からトータルで4〜5日くらいは泡が弱まりつつも楽しむことができます。ストッパーさえあれば、多種を常に開けておく家飲みのラインナップにスパークリングワインを加えることができます。

　でも、ここで言いたいことは、スパークリングワインの魅力は泡立ちだけなのかということ。たしかに飲み心地をすっきりとさせてくれる泡は魅力的。でも、すっきりしているということは、ベースのワインの味わいを泡でマスキングしているとも言えます。

　例えば炭酸飲料水。泡があるときは爽快に感じられますが、泡がとんでしまうとべったりとした甘さに辟易とされるのではないでしょうか？　世の中の発泡性の飲み物は、泡がとんでしまったら飲めたものではないのが大半ですが、ベースのワインにしっかりとした個性、味わいの充実感があるもの、言いかえると、質の高いブドウから造られたスパークリングワインは、むしろガス圧が弱まってからのほうが、そのワインの美質に到達することができます。細長い形のフルートグラスではなく普通のワイングラスで、グラスに注いだらしばらく放置。ワインの温度を上げながら泡をとばしつつ飲む。瓶の中で閉じ込められ眠っていた液体をゆっくりと目覚めさせるように。

　あるいはストッパーで栓をしてしばらく飲み残してみるのも良いかもしれません。

　そしてもう一点。スパークリングワインを乾杯酒から解放しませんか。スパークリングワインは万能な食中酒です。冷蔵庫に1本開けておけば、いろいろなシーンで活躍してくれること間違いなしです！！

Wineの話——家飲みをする前に 6

料理に合わせる、状況に合わせる、
人に合わせる

　日本の家庭の食卓、主菜に汁物、副菜に常備菜、残り物いくつか。そして和洋中のミックス。なかなかの混沌っぷりの面々に、ワインをペアリングしていくのは至難の業ですし、せっかくの食事が窮屈になってしまいます。複数種同時に開いているなかで決めすぎず、ゆるやかに料理とワインを共存させてみる。狙いすぎず、開いているワインをとにかく飲んでみる。グラスは2脚以上用意しておけば、タイプの違うワインを同時に楽しめて良いです。肉には赤、魚には白、といった定石はとりあえず棚に上げておいて試してみてください。定石には一理あるけれど、それだけに収まらないのが食の豊かさ。

　ピンとこなかったら、調味料や薬味で味変してみても。お刺身をわさびと醤油で食べるだけではなく、塩、柑橘、オイルなどをかませてみる。チーズのときはジャムやナッツを添えてみるとか。料理とワインの間にブリッジを架けて、それを変えてみると、2つの間の距離に変化がついて相性の在り方も変わってきます。口の中の「合う‼」だけではなく、自分でそのつど、まるごと生まれる心地良さを拾い集める。それには料理とワインの相性だけではなく、そのときの自分がどういう状態なのか？　昼なのか夜なのか、暑いのか寒いのか、海なのか山なのか、元気なのか疲れているのかによっても変わってきます。

　例えばそれは、ミートソースのパスタをにぎやかに食べるときと、ひとり夜に食べるとき、そこで飲みたいワインが変わるようになるということ。食事は食べるもの（料理とワイン）だけにあらず。誰と、いつどこで、流れている音楽は？　照明は？　部屋の温度は？　白しか飲めない友人とお肉を食べるとして、そこに相性がいいからといって赤を出すのは無粋です。

　普段の家飲みはいろいろ試しながら、自分の中に「こうしたい！」という欲求をみつけていくには格好の場です。このワイン、キャンプに持っていきたいね、とか。このワイン、次はこんな料理に合わせたいね、とか、このワイン、静かに向き合ってみたいな、とか。ささやかでもいいから「こうしたい」と感じることが、家飲み達人への一歩だと思います。

Wineの話──家飲みをする前に 7

飲む温度

　ワインは温度によって味わいの感じられ方が変わってきます。先述のように冷蔵庫にワインを保管、10℃くらいで飲みはじめたとすると、最初はすっきりと、フレッシュさを感じる味わいですが、温度が上がるにつれ、香りのボリュームが大きくなり、味わいの複雑さが強く感じられるようになります。酸味・渋みは温度が低いほうが強く感じられ、温度が上がるにつれマイルドに。反対にアルコール感は温度が上がったほうが強く感じられます。

　食事の間、冷蔵庫の温度から徐々に室温に近づいていくなかで、自分にとってどの温度がそのワインを魅力的に感じられるか？　赤は常温、白は冷やして、といった単純化された定石にとらわれず、感じてください。

　冷たすぎてスケールが小さいように感じられたなら、グラスを掌で包んで温度を上げてみるとか。温度が上がりすぎて味がぼやけてきたようなら冷蔵庫に戻すとか。ワインの芯には冷たさが残っていて、気持ちの良い温度まで上げていくイメージで。

　大事なのは、季節や気温、日中か夜か、いろいろな環境の違いで飲み手の感じ方が変わってくることです。鎌倉に住んでいるぼくの感覚ですが、11月の半ば、ちょうどボージョレ・ヌーヴォー解禁日あたりは、寒さに身体が慣れきっておらず、あまり冷えた白ワインには手が伸びません。さらに季節が進み、寒さに身体が慣れ、部屋に暖房が効いてくるようになると、赤、白問わず、ちょっと冷たいワインがおいしく感じられます。また、夏になるとよく冷えたスッキリとした白ワインを求めたくなりますが、逆に完熟したブドウの濃厚さが感じられるしっかりとした赤ワインなども試してみてはいかがでしょう？　夏の暑さで疲れた身体に、少しだけ冷たさを感じられる温度にした濃ゆい赤。それを少しだけ、ゆっくり飲むと、ワインが身体のすみずみまで沁み込んでいくように感じられます。

Wineの話——家飲みをする前に 8

ワイングラスの持ち方

　ワイングラスの真ん中部分を「ボウル」、ワイングラスの脚を「ステム」といい、この2つを持つのが二大潮流。人がグラスを持つときの自然な動作は、ボウル持ちだと思いますが、ことワイングラスの持ち方となるとステム派が正当だという意見が多いように感じます。ステム持ちが正当と引き合いに出される理由は「手の温度がワインに伝わらないようにするため」ということ。

　いやいやいや、ボウルを持ったくらいでワインの温度が上がるわけがない。細かくいうと、グラスに接しているのは小指以外（別に接していても良し）の4本の指先の腹の部分だけで、掌は接してはいないはず。しかも、液体はボウルのせいぜい1/3ぐらいまでしか入っておらず、液体が入っている部分に接しているのは中指、薬指くらいでしょう。たったこれだけの接点で、外気温以上に温度を上げることができるって、あなたの体温は一体何度なんですか？　という話です。ということで、ステム持ちの根拠である「手の温度がワインに伝わらないようにするため」というのは、ぼく的には却下。

　ぼく自身はステム持ちなんですが、それはグラスを傾けてワインの色調を見るため。ボウル持ちだと親指が邪魔なんです。あとはスワリングというワイングラスをクルクル回す動作がやりやすいというのもありますが。

　海外の方々の持ち方を見るとボウル持ちが意外と多く、そのナチュラルな所作が格好良い。ちなみにエリザベス女王はボウル持ちでした。公的な場のシーンでしたが、きれいなレースの手袋をはめて、がっつりボウルを持ってました。それがエレガントで格好良かった！

　ワインを飲むことが日常な人たちにとって、よりナチュラルな持ち方であるボウル持ちは当たり前。持ち方なんぞにマナーを引っ張り出さないで、その場の会話を楽しんで、ワインは背景にしたほうがスマートですよね。ただ一点、フィンガーフードを食べてボウルを持つと指紋がついて汚れますので、気になる方はご注意を！

一度に飲み終えなくても良い

　たまに、抜栓後30分以内に飲みきるべし！というようなワインもあったりします。マメってしまうワインですね（マメについては詳しくは述べません。ググってください）。ただ、マメるワインの中でも、開けたてはすごく輝いていて、線香花火の刹那の美のような、そんなおいしさが爆発するものもあったりします。マメるワイン＝欠陥とはならない、したくないのが悩ましいところです。基本、マメるワインは、把握している範囲にはなりますが、アナウンスするようにしています。マメに追い抜かれないようにすぐ飲みきってください！と。

　とあるワインでの話。抜栓直後はかたく、ゆっくりと経過観察していましたが、10日目くらいでこれ以上はもたないかな、という状態になりました。まだ1/3程度残っていましたが、ぼく自身がそのワインへの興味が薄れてしまったのか、そのままセラーに放置していました。3カ月くらい経ってそのワインを発見して飲んだところ、まだ飲めるどころか、以前とは別物の美しい液体へと変貌していました。と、まぁ予想を遥かに超えることが起こる、それが自然派ワインのおもしろさです。自然に勝るものはないと言いますが、まさにその通り。自然に委ねてでき上がったものは、予測できないことになっていくのです。

　さて、一度に飲み終える必要性がないとワインの抜栓がとても気楽になります。試しに赤と白を同時に開けてみましょう。

　家庭の食卓を思い浮かべてください。そこにあるのは雑多な料理。メインのおかずに常備菜、そこに昨日の残り物が加わったり。ワインを飲むからそれ用の料理、というのではまったくありません。だけど、それこそが家飲みワインの醍醐味。そんな食卓で、その料理に合わせて1本だけ開ける……などということは至難の業。ワインに合わせるのではなく、食卓に並んだ料理ととにかく飲んでみる、そこから何かを感じとれると思います。マリアージュ、ペアリングではない、それが家飲みの流儀かと。

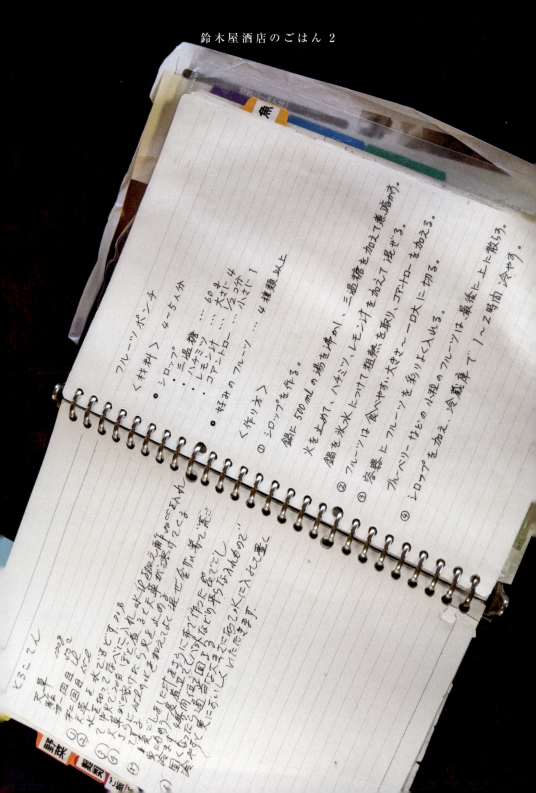

おばあちゃんが残してくれた味

おばあちゃんというのは、
息子と娘にとってのおばあちゃん、つまりはぼくの母。
当たり前ですが、カミさんにとっては義母になります。

神奈川県横浜市で日本料理屋を営む家に生まれた母は、
自然と料理好きな人に育ったようです。
鈴木屋酒店に嫁いでからもそれは変わらなかったようで、
どんなに仕事が忙しいときでも、いつも台所からは
料理の匂いがし、楽しそうに家族に食事を作っていました。
食べることが好き、料理を作ることが好き、
そして何よりも料理を振る舞うことが好き。
料理をすることは、母にとっての
コミュニケーションツールだったような気がします。

カミさんが嫁いできてからは、
毎日のごはんを母とカミさんで曜日を分けて担当。
二世帯共同キッチンという今のスタンダードからすれば
無茶な環境の中で、ときに喧嘩をしながらも、
仲良く台所に立っていました。
晩年、母が台所を引退してからはカミさんが母の味を引き継ぎ、
自分流に進化させながら、今も家族で変わらず食べ続けています。

これらはワインを家業にしたぼくら家族が気に入っていた、
おばあちゃんが残してくれた、
季節になるとよく出てきたレシピです。

おばあちゃんのノートから—1
おばあちゃんのポタージュ

材料（6人分）
じゃがいも（薄切り）…4個
玉ねぎ（薄切り）…3/4個
長ねぎ（白い部分・小口切り）…1本
バター…30g
塩…小さじ2
鶏ガラスープ（下記）…1.2ℓ
生クリーム…200ml

作り方
1 鍋にバターを入れ、玉ねぎと長ねぎを炒める。しんなりしたらじゃがいもを加えて炒め、全体に油がまわったら塩を加えてさっと炒める。
2 鶏ガラスープを加え、じゃがいもがやわらかくなるまで煮る。
3 ミキサーでなめらかになるまで攪拌し、生クリームを加えて混ぜ合わせる。
＊ 赤ちゃんのほっぺよりなめらかな、おばあちゃん直伝のポタージュ。攪拌すればするほどなめらかな舌ざわりになります。これを作った後、おばあちゃんはよく「ポタージュを冷たくしてあさつきを刻んでちょっとのせると、かの名高きヴィシソワーズになる」と言っていました。

鶏ガラスープ

材料ととり方
大きめの鍋に鶏ガラ1羽分、セロリ、玉ねぎ、にんじん、にんにく各適量を入れ、水をたっぷりかぶるくらい注いで火にかける。煮立ったらアクを取って極弱火にし、水の量が2/3くらいになるまで1時間ほど煮る。スープをとった野菜は冷凍してカレーやシチューなどに使う。

Wine Memo

夜、疲れて帰ってきて、スープだけ飲んで寝ようかな……。でも1杯だけおいしいワインを飲みたいな……、そんなシチュエーションを想像してセレクトしました。

これが驚くほどの相性の良さ。野菜の滋味深さ、だし、クリームのコク。それを生かしつつ、最後にワインの品の良い香り。ワインがうっとりするような官能的なフィニッシュを演出してくれました。実はこれ、開けたてはあまり調子が良くなく、2週間近く放置していたもの。ワイン単体で飲むと依然パッとしない味わいでしたが、ポタージュと合わせるとこのワインが持っている美質のみがクローズアップ。レストランでのペアリング、と考えるとまったく再現性が低い合わせ方ですが、家飲みだったら起こりうるミラクルだと思います。

Macon Villages 2017 / Julien Guillot
マコン・ヴィラージュ / ジュリアン・ギィヨ
ブルゴーニュ（フランス）
シャルドネ

おばあちゃんのノートから—2
葉玉ねぎの春みそ炒め

材料（作りやすい分量）
葉玉ねぎ…3本
豚バラ薄切り肉…4枚
塩・こしょう…各少々
赤唐辛子…1/2本
おろしにんにく・おろししょうが…各少々
A
├ 酒・みりん・みそ…各大さじ1
├ 砂糖…大さじ1/2
└ しょうゆ…小さじ1弱
油…大さじ1

作り方
1 葉玉ねぎは葉はざく切り、実は食べやすい大きさに切る。豚肉は食べやすい長さに切って塩、こしょうをする。赤唐辛子は種を取り除く。

2 フライパンに油を熱し、おろしにんにくとおろししょうが、赤唐辛子を炒める。香りが立ったら豚肉を加えて軽く炒め、Aを加えてさらに炒める。

3 沸々してきたら葉玉ねぎを加えて、ざっと炒め合わせる。

* 鎌倉では春になると野菜市場にこの葉玉ねぎが並びます。スーパーではなかなか出合うことのないものですが、みつけたらぜひ作ってほしいです。おばあちゃんはよくお昼ごはんのおかずに作ってくれました。あっという間にできるごはんキラー！ 忙しいランチどきにもぴったり。

* みそは香りのいいものを使ってください。

おばあちゃんのノートから—3

たけのこステーキ

材料（作りやすい分量）
ゆでたけのこ…適量
A
└ 酒：ナンプラー、またはしょうゆ…1：1
木の芽…適量
ごま油…適量

作り方
1　たけのこは1cm幅に切ってから半分に切り、両面に薄く格子状の切り目を入れる。
2　フライパンにごま油を熱し、たけのこを並べ入れてジリジリ焼きつける。両面にこんがり焼き目がついたらAを加えてさっとからめる（a）。
3　木の芽をちぎってちらす。

<small>おばあちゃんのノートから—4</small>

たけのこ唐揚げ

材料（2〜3人分）
ゆでたけのこ…1本
A
├ おろしにんにく…少々
├ 酒…大さじ1/2
├ しょうゆ…大さじ1
└ ナンプラー…大さじ1/2強
片栗粉…適量
揚げ油…適量
香菜（ざく切り）…適量
スイートチリソース…適量

作り方
1. たけのこは姫皮をはずし、食べやすい大きさに切る（歯ごたえがあるほうがおいしいので厚めに切るといい）。
2. 1を食品用ポリ袋に入れ、Aを加える。袋の口を閉じて1時間ほどおく。
3. 別の食品用ポリ袋に片栗粉と2のたけのこを入れ、袋の口を閉じてふり、全体にまぶす。
4. 160℃の揚げ油に3を少しずつ入れ、全体がきつね色になるまで揚げる。
5. 器に盛り、香菜をちらしてスイートチリソースを添える。
* たけのこが出まわる時季は香菜も豊富に出ているので、ふんだんに合わせます。
* 洋風にしたいときは同じ下味で、ケッパーをちらしてチーズをけずってこしょうを挽き、オリーブオイルをまわしかけます。イタリアンパセリをちらしても。

Wine Memo ＜たけのこステーキ (p.73)

しょうゆの香ばしさをまとったたけのこステーキはお肉のような食べ応えがあり、特に下のかたい部分をおいしく食べさせてもくれる料理です。これに合わせたのはピノ・グリを1週間マセレーション（果皮浸漬技術）したもの。ピノ・グリは果皮の扱いが難しく、マセレーションしたことで飲み心地を損ねているワインに多々出合っています。このワインも単体で飲むと焦げのような歪なアクセントを感じてしまったのですが、これをしょうゆの香ばしさで消してあげよう、と思って合わせてみましたが、思った以上に良い相性でした。たけのこのアクや木の芽もいい働きをしてくれて、上質なダージリンのような美しさを感じさせてくれました。

Sous le Ciel Étoilé 2021 / Jeux de Vins
スー・ル・シエル・エトワレ /
　ジュー・ド・ヴァン
アルザス（フランス）
ピノ・グリ

Wine Memo ＜たけのこ唐揚げ（左）

The自然派ワイン！ な外観のニゴリ系微発泡。それにしても度を越したオリのどっさり感。ゆえになんだかクリーミーさを感じさせて、たけのこのホッコリとした旨みを増幅。けれど、泡立ちとパッションフルーツのような酸が唐揚げの重さをすっきりと洗い流してくれます。
冷やしていることが前提ですが、泡をとばしつつ、ワインの温度を上げるようにしながら飲むのも乙。ワイングラスではなく、背が低い薄はりタンブラーで飲むのも良し。

Zero Infinito 2022 / Pojer e Sandri
ゼロ・インフィニート / ポイエール・エ・サンドリ
トレンティーノ（イタリア）
ソラリス

Wine Memo ＜たけのこ唐揚げ（洋風・右）

還元臭や揮発酸をまといつつも、その味わいは極めてピュア。シンプルで素朴な顔立ちの奥に乳清のようなコクが隠れていますが、唐揚げのチーズがトリガーになって、グッと前に出てきます。

Viognier 2021 / Domaine Lattard
ヴィオニエ / ドメーヌ・ラター
ローヌ地方（フランス）
ヴィオニエ

おばあちゃんのノートから—5

たけのこの発酵バターのソテー

材料（4〜5人分）
ゆでたけのこ…500g
にんにく…1〜2片
赤唐辛子（種を取り除く）…少々
塩…適量
バター…20g
タイム（生）…2〜3枝
ペコリーノ・ロマーノチーズ…適量
オリーブオイル…適量
黒こしょう…適量

作り方

1 たけのこは食べやすい大きさに切って塩を軽くふる。にんにくは包丁の腹でつぶしてからみじん切りにする。

2 フライパンにオリーブオイルを熱し、にんにくを加える。にんにくの香りが立ったら赤唐辛子を加える。にんにくがきつね色になったら赤唐辛子とともに一旦取り出す。

3 たけのこを入れて両面に焼き目がつくまで焼き、バターを加えて中火にする。とろっと溶けてきたところにタイムを加えてふたをし、ひと呼吸おいて香りを充満させる。強火にして2を戻し入れ、全体をざっと炒め合わせる。仕上げに塩を軽くふり、器に盛ってチーズをけずり、黒こしょうを挽く。

＊ たけのこはチーズ、みそ、バターなどといった発酵ものとよく合います。ワインともよく合うのはそういうこともあってだと思います。

＊ チーズはパルミジャーノ・レジャーノでも合います。

おばあちゃんのノートから—6

たけのこ姫皮天津

材料（1〜2人分）
ゆでたけのこ（姫皮）…80〜100g
新玉ねぎ（小）…1/2個
しいたけ…1枚
卵…2個
A
├ おろししょうが…少々
└ 塩・白こしょう…各少々
B
├ だし…1カップ
├ 砂糖・しょうゆ…各小さじ1
├ 酢…小さじ1弱
└ 葛粉…大さじ1
おろししょうが…少々
ごま油…適量
木の芽…適宜

作り方

1. たけのこは5mm幅に切る。新玉ねぎは薄切り、しいたけは石づきを落とし、かさと軸を薄切りにする。
2. ボウルに卵を割りほぐし、たけのことAを加えて混ぜ合わせる。
3. フライパンにごま油を熱し、玉ねぎとしいたけをさっと炒める。しんなりしたら2の卵液に加える。
4. 中華鍋にやや多めのごま油を熱し、3を流し入れる。箸でざっと混ぜてからオムレツを作る要領でまとめる。
5. 小鍋にBを入れ、火にかける。ヘラでとろみがつくまで混ぜる。
6. 器に4を盛り、5をまわしかけておろししょうがと、あれば木の芽を添える。

おばあちゃんのノートから―7

たけのことあさりのリゾット

材料（4〜5人分）
ゆでたけのこ…300g
あさり（殻付き）…400g
にんにく…1片
A
├ 白ワイン…大さじ3
└ 水…3カップ
生米…2合
塩…適量
バター…20g
オリーブオイル…適量
黒こしょう…適量

作り方

1 たけのこは姫皮をはずし、縦に0.5cm厚さくらいに切って塩を軽くふる。あさりは殻と殻を擦り合わせて洗い、ざるに上げる。にんにくは包丁の腹でつぶす。

2 鍋にオリーブオイルとあさりを入れ、火にかける。ざっと炒め、Aを加えてふたをする。あさりの口が開いたら火を止め、ざるで濾して蒸し汁とあさりに分ける。あさりは殻から身を外す。

3 鍋をきれいにし、オリーブオイルを熱してにんにくを入れる。にんにくの香りが立ってきつね色になったら、たけのこを加えて軽く炒める。

4 3に生米を加え、オリーブオイルをひとまわし加えて、ざっと混ぜ合わせる。全体に油がまわって米が半透明になったら、2の蒸し汁をひたひたよりやや多めに加える。ふたをし、弱火でゆっくり炊く。途中、水分が足りないようなら、そのつど蒸し汁を足す。米が好みの感じになったら、あさりも加え、炊き上げる。仕上げにバターを加えてざっと混ぜ合わせる。

5 器に盛り、好みでパルミジャーノ・レジャーノやペコリーノ・ロマーノ（分量外）をけずり、オリーブオイルをまわしかけて黒こしょうを挽く。

＊ あさりがおいしい春によく作るリゾットです。仕上げのバターはケチケチしているとおいしくないので多めに加えてください。タイムを加えてもおいしいです。

79

おばあちゃんのノートから―8

なすのいかだ揚げ

材料（4人分）
なす（小）…6本
えび…400g
玉ねぎ…1個
卵黄…3個分
片栗粉…適量
塩…小さじ1
揚げ油…適量

作り方

1 えびは殻をむいて背ワタを取り除き、包丁で細かくなるまでたたく。
2 玉ねぎはみじん切りにし、片栗粉大さじ1をまぶして混ぜ合わせる。
3 ボウルに1を入れ、卵黄を加え混ぜる。塩を加え混ぜ、2を加えてさらに混ぜる。
4 なすは縦半分に切って表面に片栗粉を適量ずつまぶす。その上に3を12等分にしてのせる。
5 180℃の揚げ油に4をそっと入れ、揚げる。揚げたてをしょうがじょうゆ（分量外）につけて食べる。

＊ この料理はおばあちゃんが若い頃、料理教室で習ったもので、おばあちゃんの十八番でした。おばあちゃんはむくのが大変なのに味わいが違うといって必ず芝えびを使っていました。確かにそうなんですが、バナメイえびやブラックタイガーでももちろん大丈夫です。とにかくえびを贅沢に使うことが大切です。

＊ 卵黄を3個加えているのでねっちりとした生地になります。これは揚げたそばからジャンジャン食べるのがおいしい料理だから、これを作ると決めた日は、おばあちゃんはずっと立ちっぱなしでした。

Wine Memo

夏から秋にかけて旬を迎えるなすで、母がよく作っていた定番メニュー。暑いこの時期に、揚げたえびの香ばしさにしょうがじょうゆがよく合います。しょうがの風味を生かしつつ寄り添い、かつ、えびの旨みをしっかりと受けとめてくれるワイン、と考えて白羽の矢を立てたのがコチラです。柑橘のような酸とレモンジュレのようなほろ苦さ。そんなニュアンスにしょうががマッチ。

4ミレジム（4つの年号という意味）を重ねてゆっくり熟成させることで、出しゃばりすぎない深みになり、えびのように味に特徴がある強めの食材をしっかり支えてくれました。

Y'A PLUS QU'À 2018 / 2019 / 　2020 / 2021 / Kumpf et Meyer
イヤ・プリュ・カ／クンプフ・エ・メイエー
アルザス（フランス）
シルヴァネール、オーセロワ

81

おばあちゃんのノートから—9

チキンロースト焼き

材料（作りやすい分量）
鶏もも骨付き…6本
玉ねぎ…2と1/2個
セロリ…2〜3本
にんじん…2本
A
├ 白ワイン…2と1/2カップ
└ 塩…大さじ4
B
├ 白ワイン…1/4カップ
├ 塩…大さじ1
├ オリーブオイル…80ml
├ 黒こしょう…適量
└ ローリエ…12枚
おろしにんにく…3片分
黒こしょう…適量

作り方

1 鶏肉は骨に沿って包丁で切り込みを入れ、フォークで全面に穴をあける（a）。
2 玉ねぎは薄切り、セロリはざく切り、にんじんは皮ごと斜め薄切りにする（b）。
3 ボウルにAを入れ、よく混ぜ合わせる。1を1本ずつ入れ、手で洗うようによくもみ込む。
4 香味野菜のマリネを作る。別のボウルに2とBを入れて、ざっと混ぜ、にんにくを加えて手で混ぜ合わせる。
5 3の汁けをきってこしょうをし、食品用ポリ袋に2本ずつ入れる。4を適量ずつ身の方にのせ、袋の空気をしっかり抜いて口を閉じ、冷蔵庫でひと晩おく（c）。
6 天板にオーブン用ペーパーを敷き、5の野菜を下に敷き詰める。皮目を上にして鶏肉を並べ（d）、190℃で10分ほど、180℃にして20分ほど焼く。

＊ 鶏肉のマリネの仕方はおばあちゃんがよくやっていたもの。私はそれに白ワインをさらに加えます。酒屋ですからね、ワインを使います！
＊ マリネに使った野菜はおいしいのでいっしょに焼いてつけ合わせにして食べます。
＊ 鶏肉の表面の焼き色が薄かったら、最後に少し温度を上げてパリッと焼き上げてください。

Wine Memo

ローストチキンはどんなワインでもイケちゃうので、口の中で大きな事故が起こらないタイプの料理です。だから飲みたいワインを開ければそれが正解！　と思っていますが、これはそんななか、あえて選んでみたワインです。黒ブドウは2〜3日間と短く、果皮とともに発酵。対して白ブドウはそれよりも長く、果皮とともに10日程度発酵。ロゼ色のワインとオレンジワインをブレンドするという、独自のアプローチで挑戦したワインです。

黒ブドウからクランベリーのような赤い果実の香りと、白ブドウから果皮のタンニン。泡は弱めで、タンニンと絶妙なコンビネーションで気持ちいい余韻にしています。

食中酒にピッタリで、乾杯のシーンだけで使ったらもったいない。いろいろな料理と試しがいがあるので、家飲みシーンにはピッタリのワインです。あれこれいじり倒してみてください。

ところで、エミリア＝ロマーニャは生ハムの一大産地。生ハムに合わせて赤ワインの微発泡ランブルスコがよく飲まれています。イル・ファルネートでもランブルスコや、普通の赤ワインを造っているのですが、この消費が落ち込んできているそうです。そんな状況を打破すべく生み出されたのがこのワインです。赤ワインをもっと飲んでくれー!!　という願いを込めてのネーミングですが、「Rosso Not Dead」なる日はくるのか!?

God Save The Wine 2022 / Il Farneto
ゴッド・セーヴ・ザ・ワイン / イル・ファルネート
エミリア＝ロマーニャ（イタリア）
マルヴァジーア・ディ・カンディア、ランブルスコ
　3種

おばあちゃんのノートから—10

きゃらぶき

材料 (作りやすい分量)

ふき…40本

重曹…小さじ1

だし…1ℓ

A

├ 酒…1/2カップ

├ しょうゆ…60ml

└ 赤唐辛子 (種を取り除く)…1/2本

B

├ 返し (p.103)…1/2カップ

└ みりん…1/2カップ

赤唐辛子 (種を取り除く)…1本

作り方

1 ふきは茎と葉に分ける。茎はスポンジで表面をこすり洗いし、うぶ毛を落とす。根元を落とし、5cm長さほどに切りそろえる。

2 鍋に湯を4ℓ沸かし、1の茎を入れる。5分ほどゆで、水にさらす。

3 ふきの葉は水でよく洗う。沸騰した湯に重曹を入れ、葉をゆでる。くたっとして緑が鮮やかになったらざるにあけて水にさらす。味をみて苦いようだったら同じ作業をもう一度行う。

4 ゆでた葉を丸め、1cm幅に切ってゆで汁をきる。

5 鍋に4を入れ、だしを半量注ぐ。Aを加えて火にかける。常に煮汁が沸々と煮立っている状態の火加減で煮汁がほぼなくなるまでゆっくり味を含ませながら煮る。

6 別の鍋に水けをきった2、Bの半量、赤唐辛子を入れ、残りのだしを注いで火にかける。煮汁が半量になったら残りのBを加え、再び煮立ったら弱火にして煮汁がほぼなくなり、ツヤが出てくるまで煮詰める。

＊ ふきはアクが強いものもあるので、ゆでこぼしたとき少しかじって味見してみるといいです。まだ苦みが強いなと思ったら、もう一度ゆでこぼしてから煮てください。

＊ きゃらぶきは市場や山でとれる野生の、細い茎のふきで作ります。おばあちゃんも細い茎の葉付きのふきが市場に並んだら4〜5わ買ってきて作っていました。私が春にふきを40本も煮るのは、この時季にしかとれないものだから。それを小分けにして冷凍し、少しずつケチケチ大事に食べ、1年中楽しみます。おばあちゃんにならって、大量に作ったあとは近所の友人にもお裾分けしています。

おばあちゃんのノートから—11

庭の夏みかんのマーマレード

材料（作りやすい分量）
夏みかん…9個
レモン…3個
グラニュー糖…800g〜1kg

作り方

1 夏みかんは4つ割りにして皮をむき、外皮をひと晩水にさらす。中身は別にとっておく。

2 大きめの鍋に1の外皮と水をたっぷり入れ、2回ゆでこぼして水にさらす。

3 2の皮を白い部分ごと細切りにし、水にさらす。皮の表面に黒斑点やキズがあったら取り除く。実は薄皮ごと種を取り除きながら（とっておく）、ざく切りにする。

4 レモンは搾る。レモンが無農薬のものなら皮は夏みかんと同じように2〜3回ゆでこぼし、同様に刻む。

5 鍋に3と4のレモンの皮を入れ、水をひたひたより少なめ（全体の2/3量くらいを目安に）に加えて火にかける。種は食品用ネットにまとめて入れ、鍋に加える。水分がなくなり、全体のかさが半分くらいになるまで1時間ほど中火で煮る。皮がやわらかくなり、とろりとしてきたらグラニュー糖を数回に分けて加える（甘さは好みで）。弱火にし、焦げないようにときどき混ぜながら好みのとろみ具合になるまで煮詰める。途中でレモンの搾り汁も加え混ぜる。

* 夏みかんの季節になると毎週せっせとおばあちゃんが仕込んでいたマーマレード。マーマレードがついた手でお店の電話に出たりしていたため、当時のプッシュホンのボタンにマーマレードがくっついてボタンが押せなくなったりしていたのは、今となってはいい思い出です。

* 皮の白い部分も全部使うので、捨てるところが一切ない。ほんのりとした苦みととろりとした舌ざわりを生み出すのが皮の白いところ。おばあちゃんはいつも、「とびきりおいしくなるかは、夏みかんの性格によるよ」と言っていました。売られているものではなく、ご近所からいただく庭の夏みかんは無農薬だから最適。ビビッドな酸味のマーマレードに仕上がります。晩年、おばあちゃんが私の作ったマーマレードをおいしいと言ってくれたときは太鼓判を押してもらったようでうれしかったなぁ。

* わが家では皆、このマーマレードをスプーンですくってスイーツのようにバクバク食べています。

* ゆでこぼした湯は捨てずにお風呂の湯に加えたり、床掃除に使うといいです。香りもいいし、床もピカピカになります。

* このマーマレードはスペアリブのたれとしても使っています。

「庭の夏みかんのマーマレード」を楽しむための
クランペット

材料（直径約13cm、4〜5枚分）
A
- 薄力粉…300g
- 粗精糖…小さじ1と1/2
- 粗塩…小さじ1
- ドライイースト…小さじ1と1/2

B
- 牛乳…300ml
- 水 150ml

バター…5g
庭の夏みかんのマーマレード（p.89）・はちみつ・
バター…各適量

作り方
1 ボウルにAを入れ、ざっと混ぜ合わせる。中央にくぼみを作り、Bを合わせて少しずつ注ぎ、泡立て器でダマにならないように混ぜる。
2 ラップをかけ、1〜3時間ほど暖かなところにおいて発酵させる。倍くらいの量になったら軽く混ぜ、空気を抜く。
3 フライパンを温め、バターを落とす。溶けかかったところめがけて2をお玉1杯分流し入れる。表面がプツプツしてきたら裏返し、もう片面も焼く。残りも同様に焼く。
4 皿に盛り、熱々のでき立てにマーマレードやはちみつ、バターを添えて食べる。
* わが家ではこれに自家製マーマレードを好きなだけのせて食べるのがもう何年も続く春のおやつ。粉の風味を味わいたいのでおいしい粉を使い、甘い生地にせずに塩味で作ります。塩はおのころしずくしお（p.121）を使っています。バターは発酵バターがおすすめです。

Wine Memo

「早キ花ノ咲ク月」。3月を表す古い言葉を名前に冠したワイン。赤いベリーにやさしい甘み、余韻を引き締めてくれるやわらかなタンニン。大人のためのベリーソーダのような味わいは、ピクニックワインのようなチャーミングさも感じられるもの。普段だったら紅茶を合わせるようなシーンに、こんなワインを合わせて楽しんでいます。

早花咲月ロゼ 2022 / Lan Seqqua
サハナサヅキ・ロゼ / ラン・セッカ
北海道余市（日本）
ナイアガラ主体、キャンベル・アーリー 15%
　程度

おばあちゃんのノートから―12

いちごジャムのレイヤーケーキ

材料 (29 × 24.5cmの天板1枚分)
卵…3個
グラニュー糖…90g
塩…ひとつまみ
A
├ 薄力粉…60g
└ コーンスターチ…20g
溶かしバター…30g
生クリーム(35%以上のもの)…400ml
ラム酒…適宜
いちごジャム (右記)・粉糖…各適量

作り方

1 卵は卵黄と卵白に分け、それぞれボウルに入れる。

2 卵黄のボウルにグラニュー糖60gを加え、泡立て器で混ぜる。

3 卵白のボウルに塩を加えてざっと混ぜ、残りのグラニュー糖を加えてしっかり角が立つまで泡立てる。

4 2に3の卵白を半量加え、ヘラでよく混ぜ合わせる。残りの卵白のボウルに戻し入れ、よく混ぜ合わせる。

5 4にAを合わせてふるいにかけながら加え、気泡をつぶさないようヘラでサクサク切るように混ぜる。溶かしバターを加え、さっくり混ぜ合わせる。

6 天板にオーブン用ペーパーを敷いて5を流し入れ、160℃のオーブンで8〜10分焼く。粗熱が取れたら端を切り落として横半分に切る。

7 ボウルに生クリームとグラニュー糖ティースプーン山盛り1杯 (分量外) を入れて好みの加減に泡立て、あれば

ラム酒をたらす。

8 6のスポンジ生地の半分にいちごジャムをぬり、上から7のクリームをのせる。残りのスポンジ生地を重ねのせ、さらに半分に切る。どちらかの上に同様にいちごジャムと生クリームを順にぬり、重ねる。粉糖をふって仕上げる。

＊ いちごジャムを作ったら真っ先に作るケーキ。でき上がってすぐもおいしいですが、翌日以降のほうが全体に味がなじみ、一体感が出ます。

いちごジャム

材料と作り方 (作りやすい分量)

1 いちご4パック (約1kg) は洗ってヘタを外す。

2 水けをきって厚手の鍋に入れ、グラニュー糖50gをまぶして水分が出てくるくらいまでしばらくおく。

3 レモン汁1個分を加え、強火にかけてヘラでいちごをつぶしながら煮る。いちごがくたっとしたらグラニュー糖120gと粗精糖大さじ1を加え、好みのとろみがつくまで煮る。

＊ いちごは出はじめか、終わりの小粒で酸味のあるもので作ってください。

＊ グラニュー糖だけではシャープな味わいになりすぎるので、粗精糖を加えて丸みを持たせています。また、レモン汁は多めに入れるのがわが家流。甘いだけじゃない、いちごのおいしさを残したジャムに仕上げています。

93

おばあちゃんのノートから—13

栗のケーキ

材料 (27 × 23 × 2.5cmの天板2枚分)
(栗の蜜煮)
栗…2kg(正味1.4kg)
A
┌ グラニュー糖…500g
└ 粗精糖…100g
(スポンジ)
┌ 卵…6個
├ グラニュー糖…150g
├ 薄力粉…150g
└ 溶かしバター(無塩)…50g
(デコレーション)
└ 生クリーム…400ml

下準備
> ボウルに栗と水をたっぷり入れ、ひと
  晩おく。

作り方

1 栗の蜜煮を作る。栗をつけておいた水
  を捨て、熱湯を注いで皮をやわらかく
  する。鬼皮と渋皮をむき、みょうばん
  (分量外・1ℓに対して6g)を入れた
  水に次々につけていく。

2 栗を洗い、鍋に入れる。水をひたひた
  に注いで火にかけ、煮立ったら栗が踊
  らないくらいの弱火にし、静かに30
  分ほどゆでる。竹串がスッと通るくら
  いまでやわらかくなったらAを2～3
  回に分けて加え、もうひと煮して火を
  止める。そのまま鍋中でひと晩おく。

3 栗の煮汁をきり、半量は濾し器で濾
  す。残りの半分は包丁で刻む。煮汁は
  とろっとするまで煮詰める。

4 スポンジを作る。卵は卵黄と卵白に分
  ける。卵白は泡立て器でざっと混ぜて
  からグラニュー糖50gを加え、しっか
  り角が立つまで泡立てる。卵黄にグラ
  ニュー糖100gを加え、湯煎にかけな
  がらとろっとするまで泡立て器で混ぜ
  る。

5 卵黄のボウルに泡立てた卵白を1/3量
  加え、ヘラで切るように混ぜ合わせる。
  それを卵白のボウルに戻し入れ、気泡
  をつぶさないようにヘラで切るように
  混ぜ合わせる。

6 5に薄力粉をふるいにかけながら加
  え、ヘラで切るように混ぜる。最後に
  溶かしバターを加えて混ぜ合わせる。

7 天板にオーブン用ペーパーを敷き、6
  の半量を正方形に流し入れる。ヘラで
  表面を整え、160℃で15分ほど焼く。
  残りも同様に焼く。焼き上がったら網
  にのせ、粗熱が取れるまでおく。

8 生クリームは半量を6分立てに、残り
  の半量は7分立てに泡立て、6分立て
  には濾した栗を加え混ぜる。7分立て
  には刻んだ栗を加える。

9 3の煮汁にラム酒(分量外)を好みの
  量加え混ぜ、シロップにする。

95

10 7のスポンジ2枚の四方を切り落とし、それぞれ横半分に切って4枚にする。スポンジの表面に刷毛で9のシロップをぬる。1枚に濾した栗を加えたクリームを半量のせてスポンジと同じ厚みに整える。もう1枚のスポンジを重ね、刻んだ栗を加えたクリーム半量を、同様にのせる。上から大きめに切ったラップをぴったりのせ、全体の形をヘラで整える。同様に、残りの2枚のスポンジを使って、もう1個作る。そのまま冷蔵庫でひと晩おいて味をなじませ、落ち着かせる。

＊ 濾した栗をクリームに加える際、全量を入れるとパサつくこともありますので、少しずつ加えてください。やわらかめのポテトサラダくらいがちょうどいい感じと覚えておくといいと思います。

＊ このケーキはおばあちゃんが長年、孫の誕生日に作ってきたもので、私が引き継いで娘の誕生日に作り続けているものです。娘がどのケーキよりも一番好きなケーキです。手間と時間がかかりますが、毎秋、家族も首を長くして待っているので気合いで作ります。娘と1日違いの甥の誕生日もあるので、2台いっぺんに作って、1台は甥に持っていきます。

Wine Memo

栗のケーキに合わせたのはワインではなくアルマニャック（p.94）。フランスで最も長い歴史を持つブランデーになります。わが家ではケーキと合わせてワインを飲んだりしますが、栗のケーキのときにはドランサンのアルマニャックが定番です。小さなスプレーにアルマニャックを入れて、シュシュッとひとふり、ふたふり。ケーキによく染み込ませてから口に含み、さらにグラスからアルマニャックを流し込むと、ああ至福……となるわけです。

今回合わせたのは、ドランサンが新たに挑戦して生み出されたもの。アルマニャックでは10品種のブドウを使うことが認められていますが、現在主に使われているのは4品種のみ。その他の6品種は収量が多く見込めず病気も多いことから、多くの生産者が栽培をやめてしまい、セパージュ・ファントム（幻の品種）と呼ばれています。

ドランサンが2014年に1.5ヘクタールの区画に植えた"失われた6品種"。その区画を"Le Carré des Fantômes（幻影の広場）"と名づけ、このアルマニャックが生まれました。

Le Carré des Fantômes /
　Domaine d'Aurensan
ル・カレ・デ・ファントム / ドメーヌ・ドランサン
アルマニャック（フランス）
メリエ・サン・フランソワ、モーザック・ブラン、
　モーザック・ロゼ、クレレット・ド・ガスコーニュ、
　ジュランソン・ブラン、プラン・ド・グレス

おばあちゃんのノートから—14
道明寺

材料（50個分）
道明寺粉（3つ割）…500g
粗精糖…60〜80g
食用色素（赤）…適量
桜の葉の塩漬け…50枚
桜の塩漬け…50個
あんこ（p.99）…900g

作り方
1 皮を作る。鍋に水3カップと粗精糖を入れ、火にかける。沸騰したら食用色素を好みの加減（桜色）に加え混ぜる。
2 ボウルに道明寺粉を入れ、1を加え混ぜ（a）、水分を吸ったらさらしに広げる。
3 桜の葉の塩漬けは軸は切って水に浸し、黄色い塩水が透明になるまでこまめに水を取り替えて塩抜きする（b、まわりの塩分は取り去り、中の塩分は残すイメージで）。ペーパータオルに1枚ずつ広げてのせ、余分な水分を取る。
4 蒸籠に3の桜の葉を敷き詰め、上から2をのせ、20分ほど蒸す。道明寺粉がかたかったら、差し水をし、やわらかくなるまで蒸す。
5 あんこは12〜18gずつに丸め、乾燥しないようにラップをかけておく。
6 砂糖少々（分量外）を加えた水を手につけ、4が冷めないうちにひと口大を手に

取り、さっと丸めてから両手で平たく整え、5のあんこをのせて包む。仕上げに蒸し上げた桜の葉で包み（c）、桜の塩漬けをのせる。

* 春の和菓子で好きなのが道明寺。ですが、なかなか自分好みのものがみつからない。しかもわが家はなんでもたくさん食べたい人たちがそろっているので、家で作るに限る！と思い、作ってみたら意外と簡単においしく作れることがわかりました。香りも見た目も味も、季節を満喫できる道明寺作りは、以来、毎春の行事になりました。でき立てよりも次の日のほうが桜の香りが満ちておいしいです。甘さが控えめで、小さめなので、家族は毎年1人10個は余裕で食べています。

* おばあちゃんはこれをおはぎ仕立てにして作っていました。当時も皆、それを1人10個ずつ食べていたそう。大食いの兵藤家です。

あんこの炊き方

材料と作り方

1 小豆を炊く。小豆500gはさっと水で洗ってから鍋に入れ、水をたっぷり加えてひと晩つける（d）。

2 翌日、鍋の水を入れ替えて火にかけ、沸騰したらゆでこぼす。再び、水をたっぷり加え、火にかける。沸騰したら弱火にし、ふたを少しずらして小豆がやわらかくなるまでゆでる。途中、ゆで汁が少なくなったらそのつど少しずつ足す（e）。

3 小豆がすっかりやわらかくなったら砂糖500gを何回かに分けて加え、ゆっくり小豆に甘みを浸透させる（f）。

4 粗熱が取れたら濾し器で濾し（g）、テフロン製のフライパンで水分をとばす（手で丸められるくらいになるまで）。

Wine Memo ＜道明寺

道明寺の魅力はなんといってもあの香り。桜の花ではなく、葉を塩蔵することで化学変化が起こり生成される香りだそうですが、花の良い香りとはひと味ちがう独特な香り高さです。さて、道明寺の香りに匹敵する香り高いワインというとアルザスのゲヴュルツトラミネールが浮かびますが、普通に醸造したゲヴュルツだと少し違う。そこでセレクトしたのがこちらのワインになります。

補酒をせず、シェリー酒のようにわざと酸化的な状態でフロールをつけながら熟成させたものになります。酸化というプロセスによって、フルーティー＆アロマチックなだけには収まらない、滋味深さを感じます。杏、金柑、レーズン、複雑な味わいに揮発酸、シェリー香が混じりさらに奥深くなっています。豊かなエキスと甘みを感じますが、フィニッシュはあくまでもドライ。道明寺を食べる手が止まりません。この組み合わせは、この本の中で僕がベストに気に入っているセレクトです。

Oxydatif de Stéphane 2018 /
　Les Vins Pirouettes
オキシダティヴ・ド・ステファン /
　レ・ヴァン・ピルエット
アルザス（フランス）
シルヴァネール、ピノ・グリ、ピノ・ノワール、
　ゲヴュルツトラミネール

Wine Memo ＜桜ご飯

季節に寄り添い作るご飯に合わせるワインは、春らしいちょっとほろ苦いイタリア・トスカーナ州のワイン。液体のピュッと上がる感じも春な感じ。ルイーザのロゼ。

Ombra di Rosa 2021 / Podere Luisa
オンブラ・ディ・ローザ / ポデーレ・ルイーザ
トスカーナ（イタリア）
サンジョヴェーゼ

おばあちゃんのノートから—15

桜ご飯

材料(作りやすい分量)
桜の塩漬け…150g
もち米…10合

下準備
> 桜の塩漬けともち米は洗って、それぞれ水にひと晩つける。

作り方
1 水につけておいた桜の塩漬けの茎を取る。浸し水はとっておく。
2 もち米はざるに上げて水けをきり、ボウルに入れる。桜の塩漬けをつけた水と桜の塩漬けを加え、1時間ほど浸す。
3 2をざるに上げ(浸し水はとっておく)、蒸し器にさらしを敷き、桜の塩漬けともち米を広げる。30分ほど蒸し、とっておいた浸し水(打ち水)をふりかけながら好みのやわらかさになるまで蒸す。

* 春になると、おばあちゃんがいつも作ってくれたご飯です。

漬物や毎日役立つあれこれを作っておく

当たり前ですが、毎日、お腹は空きますし、
ごはんを作らなければなりません。
疲れて帰ってきた日も、家にたいした食材がない日も、
やる気がおきないときもそれは同じこと。
そんなときでもおいしく1日を終わらせたいので、
わが家では、いくつかの調味料や、
何かと役に立つ漬物を作りおきしています。

大きく育ちすぎた葉物は天日干しにしてからあえて古漬けにし、
ふりかけのように細かく切って、肉と炒めたり、煮込んだり。
ただオイルで炒めるだけでもおいしい。
だしと返しを作っておけばうどんやそばがすぐ食べられるうえに、
丼ものや雑炊など、バリエーションが広がります。

コチュジャンはみそのひとつとして常に手作りしています。
仕込みには手間と時間がかかります。
でも、そのひと手間をかけることで、既製品に頼らない、
家々の個性があらわれると思います。

毎日役立つあれこれ―1

返し

材料（作りやすい分量）
赤酒（東肥）：しょうゆ（「巽」濃口醤油〔p.121〕）…1：1

仕込み方

1 大鍋に赤酒を入れ、火にかける。沸騰させないよう弱火で半量になるまで煮詰める。アクが出てきたらそのつど取り除く。
2 しょうゆを加えて弱火にし、表面全体に白い泡が出てきたら沸騰手前で火を止める。
* 粗熱が取れたら使いやすいよう小分けにして冷蔵庫で保存してください。
* これを常備しておき、だしで割ってそばつゆにしたり、煮ものや丼ものに加えたりして使っています。

「返し」を使って

牡蠣そば

材料（3人分）
生牡蠣（加熱用）…400g
そば（乾麺）…200g
長ねぎ…1本
せり・わかめ（もどす）…各適量
(つゆ)
├ だし…4と1/2カップ
└ 返し…適量
酒…大さじ1〜2
太白ごま油…適量

作り方

1 鍋にだしを入れ、火にかける。煮立ったら好みの加減で返しを加える。

2 そばは好みの加減にゆで、牡蠣はざるにあけて水けをきる。長ねぎは、2/3量は1.5cm幅の斜め切りにし、残りは薄い小口切りにする。せりとわかめはざく切りにする。

3 中華鍋にごま油と斜め切りにした長ねぎを入れ、強火にかける。香りが立ったら牡蠣を加え、酒と温かいだし200ml（分量外）を加えて一瞬ふたをする。火を止める30秒前にせりを半量加え、再びふたをして15秒ほど蒸し炒めにする。

4 そばを、ゆで汁をきって器に盛り、3をのせて1のつゆをはる。残りのせり、わかめ、小口切りにした長ねぎをのせる。

Wine Memo

牡蠣そばにイイんじゃないか!?　と合わせてみたものの、なんだかしっくりこなかった2本。海のような牡蠣のエキスに、かつおと昆布のだしと返しの旨み、と旨みオンパレードな牡蠣そばですが、そのだし以上にワインが強者すぎたのが原因。そばつゆとピノ・ノワールを合わせると、そばつゆのもともとの風味を膨らませ、かつ終盤にあらわれるピノ・ノワールの赤い果実がまるで柚子皮を添えたかのようなアクセントになり、好きな組み合わせなんですが……。牡蠣そばのつゆではきれいにのびきらず、赤ワイン風味が出っ張ってしまいました。オーギュストが思っていた以上に凝縮度が高く、シンプルにかつおをきかせたそばつゆのほうが相性がいいのかもしれません。試しにつけそばと合わせてみたら、いい塩梅でした。

プロフェッサーとの合わせは、ワインのほうが強すぎ。牡蠣そばとうまくなじみませんでした。いつもの牡蠣そばよりも返しの風味が目立っていたため、なじまなかったのかもしれません。返しの甘みと丸みが邪魔というか……。牡蠣のエキスに昆布をきかせただしで、味つけは塩＋再仕込醤油少量でキリッと仕上げたものなら良かったのかもしれません。

左
Bourgogne Cuvée Auguste 2019 /
　Clos des Vignes du Maynes
ブルゴーニュ・キュヴェ・オーギュスト /
　クロ・デ・ヴィーニュ・デュ・メーヌ
ブルゴーニュ（フランス）
ピノ・ノワール

右
Cuvée du Professeur Sous-Roche 2018 /
　François Rousset-Martin
キュヴェ・デュ・プロフェッサー・スー＝ロッシュ /
　フランソワ・ルーセ＝マルタン
ジュラ（フランス）
サヴァニャン

毎日役立つあれこれ—2

小松菜の古漬けの炒めもの

材料（作りやすい分量）
小松菜の古漬け（右記）…2わ分
鶏もも肉…1枚（約250g）
しょうが（薄切り）…2枚
にんにく…2片
香菜…1わ
赤唐辛子…2〜3本
香菜の根…2個
ナンプラー…大さじ1と1/2
ごま油…適量

作り方
1 鍋に鶏肉としょうがを入れ、水をかぶるくらいに加えて火にかける。煮立ったら弱火にし、鶏肉に火が通るまでゆでる（ゆで汁はとっておく）。鶏肉は細かく切る。
2 小松菜の古漬けは糠を洗い流し、水けをしっかりしぼってみじん切りにする。にんにくは包丁の腹でつぶす。香菜は細かく刻む。赤唐辛子は種を取り除く。
3 フライパンにごま油を多めに熱し、にんにくを炒める。香りが立ったら赤唐辛子を加え、赤唐辛子が焦げないうちに2の小松菜の古漬け、1の鶏肉、香菜の根を加えて炒め合わせる。
4 1のゆで汁をひたひたに加え、煮立ったらナンプラーを加えて汁けがなくなるまで煮詰める。2の香菜も加えて全体にざっと炒め合わせる。
＊ 冷蔵庫に常備しているもののひとつ。そのまま酒の肴にしたり、お茶うけにしたり、ご飯と合わせてチャーハンにしたりして使っています。小松菜で作ることが多いですが、葉ものの古漬けでしたら比較的なんでもうまくできます。

小松菜の古漬け

材料と作り方
小松菜適量は天日で干してから糠床に3週間ほど漬ける。

「小松菜の古漬けの炒めもの」を使って
小松菜の古漬けチャーハン

材料（3〜4人分）
卵…2個
ジャスミンライス（熱々のもの）
　…茶碗3〜4杯
おろししょうが…小さじ2
小松菜の古漬けの炒めもの（p.106）
　…好みの量
太白ごま油…適量

作り方
1　卵は割りほぐす。
2　中華鍋にごま油をたっぷりめに入れて熱し、1を加える。フワッとなったところにジャスミンライスを加えて炒め合わせる。
3　ご飯と卵が全体に混ざってパラッとなったら、おろししょうがを加えてさっと炒める。仕上げに小松菜の古漬けの炒めものを加えてざっと炒め合わせる。味をみてしょうゆ、または塩（ともに分量外）で味をととのえる。

＊　熱々に熱した中華鍋に卵を落とすのがポイントです。

＊　大きくなりすぎた小松菜は、まずは天日に干します。塩をして水けを抜くとしょっぱくなりすぎてしまうので、まずは干すことが大事です。かぶなども同じく、そのまま丸ごと2週間ほど、糠床に入れて古漬けにし、煮込み料理に加えたりしています。そうすると程良い酸味が加わり、味に奥行きが出ます。菜の花の古漬けをいただいたときにワインを合わせてみたら、すごくイタリア的な雰囲気になったことがありました。以来、葉ものを古漬けにして食べるおいしさにハマり、大きく育ちすぎたものは古漬けにするようになりました。

＊　糠漬けは自然派ワインによく合います。考え方はチーズと同じ。わが家ではこの古漬けをつまみにワインを飲むこともよくあります。

毎日役立つあれこれ—3
大根と赤かぶのおしんこふりかけ

材料と作り方（作りやすい分量）

> 大根と赤かぶの古漬け640gを適当な大きさに切ってフードプロセッサーで攪拌し、細かくする。赤梅酢80mlを加え混ぜる。小分けにし、密閉容器に入れて保存する。

* おしんこふりかけとはわが家の常備菜で、2週間から1カ月ほど糠床の中で古漬けにしたかぶや大根、にんじんを細かく刻み、赤梅酢と合わせたもの。赤梅酢の分量は目安なので、古漬けの状態に合わせて好みで加減してください。梅酢を加えるのは、抗菌作用があるから。しその香りも加わり、ふりかけ感が増すのも気に入っています。かぶは、できれば赤かぶを使用してください。茶色くなったかぶよりも赤いかぶのほうがふりかけとしてテンションが上がりますから。そのまま食べたり、炊き立てのご飯にふりかけとしてのせたり、納豆に混ぜたり。葉ものの古漬けは豚肉ともよく合います。それに香菜を合わせるのがわが家の定番です。いっしょに炒めたり、煮込みに加えたりすると味がしまります。ときどき、フライパンに種を取り除いた赤唐辛子1本、オリーブオイル、またはごま油を適量入れ、刻んだ古漬けを炒めることもあります。好みでナンプラーやにんにくを加えてもおいしいです。

* これらを小分けにして冷蔵庫で保存していますが、すぐになくなってしまうので、保存期間はわかりません。

毎日役立つあれこれ—4

コチュジャン

材料（作りやすい分量）
もち米…1kg
玄米麹…500g
麦芽粉…80g
細挽き粉唐辛子（韓国産）…300g
塩…100g

作り方

1　もち米は洗って3時間ほど浸水し、ざるに上げておく。
2　1に水8カップを加え、炊飯器で普通に炊く。
3　炊き上がったら保温モードのまましゃもじでさっくり混ぜ、ふたを開けたまま50℃くらい（温度計で測る）になるまで冷ます。
4　玄米麹はフードプロセッサーで撹拌し、細かくする。なければすり鉢で細かくなるまでする。
5　3に玄米麹と麦芽粉を加え、しゃもじでさっくり混ぜる。さらに手で全体に行き渡るよう、よく混ぜる。保温モードのまま炊飯器のふたをし、3〜4時間、糖化するまでおく。
6　5を鍋に移し、火にかける。沸々してきたら粉唐辛子を加えてよく混ぜる。続けて塩も加えてよく混ぜ、再び沸々としてきたら火を止める。粗熱が取れたら小分けにし、冷蔵庫で1カ月熟成させる。

＊　冷凍保存も可能。そのまま使えます。

「コチュジャン」を使って
豚足 自家製コチュジャンの酢みそ添え

材料（作りやすい分量）
豚足…適量
コチュジャン（p.110）・白みそ…各50g
酢…小さじ5
白いりごま…大さじ1と1/2
にんにく唐辛子ペースト（p.112）…小さじ1

作り方
1　豚足以外のすべての材料を混ぜ合わせる。
2　器に豚足を盛り、1を添える。
＊　好みでごま油をたらしてもいいです。
＊　このたれは豚足につけるたれを考えていたときに思い浮かんだものです。

毎日役立つあれこれ—5

ヤンニンジャン

材料 (作りやすい分量)

にら…1束

長ねぎ…1本

青唐辛子…2〜3本

A

├ にんにく唐辛子ペースト (右記)…30g

├ 粗挽き粉唐辛子 (韓国産)…大さじ2

├ 日本酒…大さじ4

├ カナリエキス (韓国の魚醤)…大さじ1

├ しょうゆ…大さじ2

└ コチュジャン (p.110)…大さじ1

あみの塩辛…大さじ1

作り方

1 にらは極細のみじん切りにする。長ね
ぎと青唐辛子はみじん切りにする。

2 Aを混ぜ合わせ、1とあみの塩辛を加
え、さらに混ぜ合わせる。

＊ チヂミのたれにしたり、ゆで豚につけた
り、餃子のたれのアクセントにするなど、
万能だれとして使っています。

＊ 日本酒は普通に飲めるおいしいものを、
粉唐辛子は韓国産のものを使っています。

＊ 青唐辛子がなかったらししとうがらしで
も代用可能です。

＊ にらはオーガニックの小さめのものを
使っています。このにらで作るのが私的
には大事なポイントです。みなさんもお
いしいにらで作ってみてください。

にんにく唐辛子ペースト

材料と作り方

新にんにくのすりおろし500gとあみの塩
辛200g、粉唐辛子 (韓国産) 500gを混ぜ
合わせる。小分けにして冷凍する。

＊ ヤンニンジャンを作るベースとなるにん
にく唐辛子ペーストは新にんにくの時季にま
とめて作っておきます。普通のにんにくを使
うよりにおいがきつくないし、味わいもいい
のでわが家ではこれをにんにくペーストとし
て使っています。

Wine Memo

いろいろな国の料理をわがものとして楽
しめる日本人にとって、コチュジャン、
ヤンニンジャンはみそ・醤油感覚で使い
こなせる調味料で、それゆえわが家には
欠かせないものとなっています。野菜炒
めにコチュジャンを使ったり、かつおや
まぐろの赤身に、ヤンニンジャンを醤油
代わりに和えて食べる、といったふう
に、この調味料で料理のバリエーション
がぐっと広がります。

合わせるワインは、考えすぎなくていい
と思っています。むしろ決め打ちせずに、
何本か開けて飲みかわすのが楽しい。自
然派ワインらしい飲み心地の良さがあれ
ば、この調味料はなじみます。

「ヤンニンジャン」を使って

チーズチヂミ

材料（作りやすい分量）
卵…1個
A
- 薄力粉…大さじ5
- 片栗粉…小さじ1
- 玉ねぎ…1個
- 溶けるチーズ…60g
- あみの塩辛…小さじ2

油…適量
ヤンニンジャン（p.112）…適量

作り方

1 Aの玉ねぎは5mm幅くらいの薄切りにする。
2 ボウルに卵を割りほぐし、水60mlを加えて混ぜ合わせる。
3 2にAを順に加え、そのつど混ぜ合わせる。
4 フライパンに油を多めに熱し、3を適量ずつ入れて両面こんがり焼く。残りも同様に焼く。
5 ヤンニンジャンをつけて食べる。
＊ 玉ねぎは少し食感が残るくらいの厚さに切るとシャキシャキしておいしいです。

パンを焼く

ワインに合わせてというわけではないけれど、
ときにはご飯ではなく、ご飯のように満足できて
おいしいパンが食べたいと思ったところから、
何度も作っては進化してきたうちの食事パンです。

酒粕パンは酒粕選びがポイント。
いろいろな蔵の酒粕から酒粕酵母を起こしましたが、
どれも酒まんじゅうのような香り、
アルコールの香りが際立ちすぎてピンときませんでした。
その点、寺田本家の酒粕から作られたパンは、
炊き立てのご飯のようなふんわり甘やかな香りが立ち上り、
わが家好みに仕上がります。

酒粕酵母

材料と作り方

> ガラスの容器に炊いた白米300gを入れ、水500mlを加えて混ぜ合わせる。発芽玄米酒粕300gを加えてさらによく混ぜ合わせ、常温で2〜3日おく。ブクブクとした泡が出てきたら冷蔵庫で保存する。翌日かたくなっているようなら、水1/2カップほど(ゆるっとするまで)を加えて混ぜる。

* 酒粕酵母に使った酒粕は寺田本家の「寺田本家「むすひ」の発芽玄米酒粕」です。「醍醐のしずく酒粕」もいいです。
* 時間が経って酸味が強くなった酒粕酵母は全粒粉パンやライ麦パンを作るときに向いています。

パンを焼く—1

酒粕パン

材料（作りやすい分量）
強力粉…600g＋適量
塩…小さじ2強
酒粕酵母（p.115）…200g

作り方

1 ボウルに強力粉600gと塩を入れ、手で混ぜる（a）。
2 酒粕酵母を加え、両手でふわっと酵母を包み、酵母に粉がしっかりまぶされるように合わせていく。
3 水320mlを加え、カードで混ぜ合わせる。ある程度混ざったら手でさらに混ぜる（少し水が多いかなくらいの状態でいい）（b）。ラップをかけて8～10時間おいて一次発酵させる（2.5倍くらいの大きさになるまで）（c）。
4 台に強力粉適量をふり、その上に3をのせる（d）。上からさらに強力粉をふり、カードで4等分にする（e）。外側の生地を中に入れるようにして表面をはりながら丸くまとめる（f、g）。
5 天板にオーブン用ペーパーを敷き、4をのせてラップをかけ、20～30分ほどおいて1.5倍くらいになるまで二次発酵させる。
6 表面に強力粉適量をふってクープを入れ（h）、180℃で30分ほど焼く。

＊ レーズンを加える場合は、作り方3で好みの量を加える。

パンを焼く―2

フォカッチャ

材料（作りやすい分量）
強力粉…500g
塩…小さじ1と1/2
ぬるま湯…500ml
ドライイースト…軽く小さじ2
オリーブオイル…大さじ2
粗塩…適量
ローズマリー（生）…適量
黒こしょう…適量

作り方

1　ぬるま湯にドライイーストを加えて混ぜる。
2　ボウルに強力粉と塩を入れてざっと混ぜ、1を加える。ヘラで混ぜ、オリーブオイルを加えてさらに混ぜる（ヘラにとってとろりとたれるくらいを目安に）(a)。
3　2にラップをかけ、暖かいところで2.5倍くらいになるまでおく(b)。
4　天板にオーブン用ペーパーを敷き、3を落とす(c)。茶こしで強力粉（分量外）を全体にふり、手で生地を天板の大きさに広げる(d)。粗塩をふり、ローズマリーの葉をちぎってのせる。こしょうを挽いてオリーブオイルをたっぷり（分量外）まわしかける(e)。
5　200℃で10分ほど、190℃に下げてさらに10分ほど焼く。

鈴木屋酒店で扱っている
おいしいものを使って

自然派ワインで埋め尽くされている鈴木屋酒店ですが、
ほんの少しだけ食材も扱っています。
ワインに結びつくものから、少し遠そうなものまで。
アイテム数は少ないですが、
扱っているどれもがわが家には欠かせないものばかり。
少数精鋭です。

卵は長野の大鹿村の平飼いのもの、
ケッパーは自然製法で作られたシチリアのもの、
パスタはイタリアで自然乾燥で作られた力強い味わいのもの、
どれも日常的にバンバン使っているものなので、
ものによってはワイン以上に詳しく、暑苦しく説明しています（笑）。

近い将来の鈴木屋酒店の展開が
もっと「食」全般に広がっていけるといいなという思いで
作っている人に会いに行き、その方々の話を伺い、
彼らに代わってお客様に説明、提案しています。
そんな小売業の基本的な役割をまっとうできるよう、
いまはまだ準備段階です。

鈴木屋酒店が今現在扱っている食材と、
それらを使った料理の一部をご紹介します。

①

八ヶ岳〔八ヶ岳南麓ファーム〕 八ヶ岳南麓の豊かな湧き水で育てた自然栽培の米と大豆を使って仕込んだ、手作りの熟成みそ。大豆も麦も米も自然栽培をしているところのみそは深く、どこまでもやさしい味わい。そのままお酒のアテにしたり、おむすびに入れたりしている、とにかくおいしいみそ！

②

おのころしずくしお〔五色製塩所〕 淡路島の海水を釜焚きして作られる貴重な塩。ミネラルと旨み、甘みがたっぷりの塩はおむすびをにぎるときには必ず。肉を焼いてこの大粒のほうの塩（箱入りのもの）をふる、ただそれだけで味わいが完結するレアなもの。とにかく旨みがすごい。

③

再仕込み醤油(左)、「巽」濃口醤油(右)〔梶田商店〕 2年かけて造り上げた醤油に麹を掛け合わせ、さらに2年間じっくり発酵・熟成させた、手間も原料もたっぷりかけた醤油(左)。世の中に良い醤油はたくさんあるけれど、これほど無抵抗にスッと体に入ってきたものはなかった。わが家では直接何かにまわしかけるとき、香りをつけたいとき、旨みを加えたいときにこれを使用。同じ製造者の醤油(右)は普段使いに、料理を作るときに使用している。

④
オーガニック・タイム・ハニー〔ディアス〕
ワインの輸入業者がギリシャに行った際に出合ったオーガニックのはちみつ。パンケーキ、クレープ、ヨーグルトにかけるのはもちろん、チーズに合わせてもいい。濃厚で完成度の高いはちみつは、スプーンでぺろっとなめるだけでデザートを食べたような満足度がある。入荷したものはタイムの畑のはちみつ。

⑤
MIEL〔ラ・フェルム・ド・ラ・サンソニエール〕
これはフランスのロワール地方のワインの生産者が作っているはちみつ。はちみつは薬と同じ取り扱いをされることが多いが、これもまさにそれがわかる味わいで、はちみつの甘みだけではない、ちょっとピリッとした感じが舌に刺激をくれる。お値段も7400円と立派! ですが、一度味わったら抜けられなくなる、濃厚を超えた濃厚といった味。

⑥
モスタルダ・ドゥーヴァ〔ラッセッラ〕 イタリア産のこのブドウジャムは、鹿のローストなど肉のソースとして使っている。ブドウのほか、洋梨、もも、かぼちゃ、りんご、いちじく、ヘーゼルナッツ、クルミ、アーモンドも入っているので、ソース感覚で使うとプロっぽい味になるし、深みが出て当たり前だけれど自然なフルーティーさも加わって良い。鹿肉などジビエ用のソースを作ったりするときには特にこのフルーティーさが発揮される。

⑦
マルメッラータ・ディ・マンダリーニ〔アリアンナ・オッキピンティ〕 イタリアのシチリア州のワイン生産者が作っているジャムで、ケッパー(p.125 ⑰)と同じ生産者。シチリアの果実感がたっぷりのオレンジジャム。そのままスプーンですくって食べるだけでもスイーツのような完成度とおいしさ。

⑧
リモナータマードレ〔サバディ〕 イタリアのシチリア州のチョコレート職人がチョコレートを作るときに使ったビールの残り果汁で作ったレモネードの原液。皮から薫る大人っぽい芳香がほかにはない味わい。レモンは水、お湯、炭酸、焼酎、ビールなどで割ってもおいしいし、バニラアイスにかければレモンジェラートにもなります。オレンジはフレンチトーストやクレープシュゼットに。ほかにも、ライム、しょうがなどの味あり。

⑨
ポモドーリ・ペラーティ〔ラッセッラ〕 アグリツーリズモを経営しているワインの生産者が作っている瓶詰めトマト。年に一度出てきたら仕入れるようにしているもの。あるときはあるし、ないときは全然出てこないので、お店に出ていると買っておくという方も多い、隠れた人気商品。トマト水煮ならぬ、瓶に詰めて蒸し上げているそう。どことなくフレッシュさが残っているのもいいこのポモドーロは、そのままお肉といっしょに煮込んだり、パンツァネッラにしたりするのがおすすめ。

⑩
マッサ・デ・ピメント〔ピメンソール〕 トマトライスやえびチリに必須の、ピメントという大きめの赤い唐辛子のペースト。わが家では辛くない豆板醤として使用。パプリカ的な香りも含まれてほんのり甘みも加えてくれる。これにマヨネーズを加えればオーロラソースに！

⑪
エクストラ・バージン・オリーブオイル〔レヴァン〕 ワインの輸入元がフランスで出合ったオリーブオイル。青くて辛みのあるオイルもいいけれど、丸いコクのある使いやすいタイプのオイル。

⑫
レストラン用の大きな缶のエキストラバージンオリーブオイル（イタリア産）を量り売りしているもの。

⑬
アグロドルチェ・コメンディメント・アリメンターレ〔ヴェルディエリ〕 ブドウの甘みが残る、イタリアのバルサミコ酢の生産者が作っている白バルサミコ酢。やさしい甘さがあり、酸が気張りすぎてないため、そのままドレッシングにも使える。これでキャロットラペを作るとすごくおいしい。

⑭
ヴィネーグル・ド・バニュルス〔ラ・ギネル〕 フランス、バニュルスのビネガー屋さんのオリジナル。自然派ワインの生産者のビネガー化してしまったワインを、ちゃんとビネガーにし直してくれたものがこちら。ポークソテーのソースや仕上げのソースなどに使用。水餃子などにも。

⑮
ヴィネーグル・ド・バニュルス ティンティン〔ラ・ギネル〕 自社畑のブドウだけで作ったスペシャルなワインビネガー。

123

⑯
ファジョーリ・ジャッローニ〔レ・コステ〕 ワインの生産者のひとつの流れとしてワインを造りながら野菜や穀物を作ることに意味を見出すという話はよく聞くことだ。そのほうがより望んでいる生活に近くなるし、よりおいしいものを食べたい、そのためにはおいしいものを作りたいということにつながっていく。これもそういった流れで作られているイタリアのラツィオ州の白インゲン豆。わが家では月桂樹の葉1〜2枚といっしょにゆでてサラダにしたり、スープに加えたり、肉料理に添えたりしている。

⑰
カッペロ・イブレオ〔アリアンナ・オッキピンティ〕 イタリアのシチリア州に自生しているケッパーを塩漬けにしたもので、ケッパーは実とばかり思っていた私に、つぼみであることを気付かせてくれた貴重な食材。これはわが家では塩でもあり、コクの出る調味料でもあるもの。古漬けのような感覚で使えることもあり、日本料理にもよく合う。塩抜きしないで使えるのもいい。

⑱
パスタ〔ヴィチドーミニ〕 創業1812年、イタリアのカンパーニュ州でヴィチドーミニ兄弟によって作られ続けているパスタ。スパゲッティ、ジッリ、オッキ・ディ・ルーポなど種類もいろいろ。麺の乾燥状態は、製造者であるヴィチドーミニ兄弟の皮膚感覚で管理されている。アナログだけれど信頼できる、昔ながらの製造方法を崩すことなく、澱みなく作られているのがわかる、しっかりとした味わい。無農薬、有機栽培のデュラムセモリナ粉使用。

⑲
もちもち全粒麺、ひらんさきの麺、黒うどん、細うどん〔島原そだち〕
これはワインに合うといったこととは関係なく、自分たちが食べたいし、このおいしさをみなさんにお裾分けしたくて取り扱っているもの。家に1つあると便利で、一度食べたらストックしておきたくなるものでもあります。どれを食べてもおいしいけれど、個人的に卵のぶっかけをやるときは"もちもち全粒麺"を選ぶことが多い。

⑳
平飼い有精卵〔おーはし農園〕 長野で産直の卵をいろいろ食べ、一番おいしかった卵。これを日々食べられるようにしたいと思い、直接会いに行ってお願いし、取り扱わせてもらっています。餌は主に牧草を醸したもの。このクリーンな味わいは、山奥の、自然の循環の中で育てられているからこそ。安心して食べられるのもありがたい卵です。

おいしいものを使って―1
塩むすび

淡路産の釜炊塩〔五色製塩所〕の「おのころしずくしお」②は、ほんのり口に広がる自然な甘みがおいしい塩。初めてこの塩でおむすびをにぎって食べたときはあまりのおいしさに驚いてしまいました。この塩でにぎるおむすびは、うちのとっておきのごちそうです。

おいしいものを使って—2
もちもち全粒麺の ぶっかけ卵麺

材料と作り方
麺⑲は好みの加減にゆでる。ざるにあけてゆで汁をきり、熱々を器に盛っておーはし農園の卵⑳を割り入れる。再仕込み醤油③を好みの加減でまわしかけ、すべてをざっと混ぜ合わせて一味唐辛子をふる。

＊　これはぼくが小腹がすいたとき、お店で販売している材料で自分でさっと作るぶっかけ麺。熱々で食べるのが気に入っています。

おいしいものを使って—3

フォカッチャ卵サンド

材料（フォカッチャ2枚分）
フォカッチャ（p.119）…2枚
卵⑳…10個
A
├マヨネーズ…120g
├オリーブオイル⑫…大さじ1と1/2
└塩②…小さじ1
ディル…10本
黒こしょう…適量

作り方

1. 鍋に湯を沸かし、冷蔵庫から出した卵をそっと入れる。10分ほどゆでてかたゆでにする。卵カットでスライスしてボウルに入れる。
2. 1のボウルにAを順に加え、そのつど混ぜる。
3. ディルを刻んで2に加え混ぜ、こしょうを挽く。
4. フォカッチャを三角形に8等分し、厚みを半分にするように中を開いて3を入るだけ詰めてラップでしっかり包む。

* ディルをたくさん入れたほうがおいしい卵サンドです。きゅうりのスライスを塩もみして加えても。

おいしいものを使って―4

メゾン ボン グゥの型でプリン

(INDIA)

材料（直径5.5cm×高さ7.5cmのカップ15個分）
（キャラメルソース）
- グラニュー糖…100g
- 水…大さじ2＋小さじ1
- ラム酒、またはブランデー…少々

（プリン液）
- 卵㉒…3個
- 卵黄㉒…6個分
- バニラビーンズ…1本
- 牛乳…780g
- グラニュー糖…90g
- 粗精糖…90g
- 生クリーム（乳脂肪分47％）…330g

作り方

1 キャラメルソースを作る。鍋にグラニュー糖と水大さじ2を入れ、火にかける。ぶくぶく泡が出て濃い茶色になるまで鍋をまわしながらゆっくり火を入れる。しっかり茶色になったら火を止め、上がってくる湯気でやけどしないようにオーブン用のミトンなどをして水小さじ1とラム酒を加えてなじませる。熱いうちに型に等分に入れる。

2 プリン液を作る。バニラビーンズはさやから種をこそぐ。鍋に牛乳とバニラビーンズ（さやも）、グラニュー糖、粗精糖を入れ、弱火にかけて温める（さわって熱いと感じるくらい。約60℃）。

3 ボウルに卵を割りほぐし、生クリームを加え、泡立て器でよく混ぜる。

4 3に2を加え混ぜ、濾す。1の型に等分に流し入れる。

5 蒸気の上がった蒸し器に4を入れる。ふたにふきんをかませて少し隙間を作り、温度が上がりすぎないようにしながら弱火で30～40分ほど蒸す。

6 粗熱が取れたら冷蔵庫で冷やし、食べるときにホイップクリーム（分量外）をしぼる。

＊ 神奈川県茅ヶ崎市にある大好きなパティスリー「メゾン ボン グゥ」で買ってきたプリンの型を洗ってとっておき、真似て作ってみたもの。おいしい卵がさらにおいしくしてくれます。

おいしいものを使って—5
シーザーサラダ

材料（作りやすい分量）
ロメインレタス・トレヴィス…各適量
（ドレッシング）
- にんにく…2片
- 卵黄⑳…1個
- アンチョビ…6枚
- ケッパー（塩漬け）⑰…大さじ1
- レモン汁…大さじ2
- 黒こしょう…たっぷり
- オリーブオイル⑫…大さじ4

クルトン・パルミジャーノレジャーノ…各適量
オリーブオイル⑫…適量

作り方
1 オリーブオイル以外のドレッシングの材料をミルに入れ、攪拌する（a）。細かくなったらオリーブオイルを加えて攪拌する。
2 ロメインレタスとトレヴィスは洗って水けをしっかりきって食べやすくちぎる。
3 1のドレッシングを少量とり、オリーブオイルを加えてのばす。
4 ボウルに2を入れ、3を加えて和える。クルトンを加え混ぜ、パルミジャーノをけずってさらに和える。

Wine Memo

クルティメンタとは、白ブドウを果皮ごと漬け込んで発酵させたもので、ポルトガルの伝統的な醸造方法です。いわゆるオレンジワインのことになりますが、オレンジワインという言葉が与える目新しいポップさではなく、この手法が古来から行われていたことを認識させてくれます。柑橘やピール、レモングラスのニュアンスがドレッシングにあらたな香りをプラスしつつ、果皮からの茶葉のニュアンスがケッパーと寄り添う。渋さ、とまではいかない果皮からの骨格が全体を引き締めてくれました。

Curtimenta 2021 / Chinado
クルティメンタ / チナド
リスボン（ポルトガル）
フィールドブレンド（ヴィタル、フェルナオンピレス主体）

133

おいしいものを使って—6
ケッパーポテトサラダ

材料（作りやすい分量）
じゃがいも（小）…6個
ケッパー（塩漬け）⑰…大さじ2
オリーブオイル⑫…適量

作り方
1 じゃがいもは1cm厚さの半月切りにする。ケッパーは粗めに刻む。
2 鍋に1のじゃがいもと水をかぶるくらい入れ、ゆでる。やわらかくなったら湯を半分くらい捨て（じゃがいもが顔を出すくらい）、ケッパーを加える。粉ふきいもの要領で水分をとばしながらさっくり混ぜる。水分がしっかりとんだらでき上がり。器に盛り、オリーブオイルをまわしかける。

* このケッパーは最小限の量の塩で作られているので、洗わずにこの塩分を生かして味つけします。
* アンチョビバターガーリック（右記）と相性バツグン。なくても十分おいしいので、まずはケッパーとじゃがいもだけで作ってみてください。

アンチョビバターガーリック

材料と作り方
アンチョビ6枚は包丁でたたいて細かくする。小鍋におろしにんにく2片分を入れ、オリーブオイル⑫をひたひたに加えて火にかける。沸々としてきたらアンチョビを加え、うっすらきつね色になるまで火を入れる(焦がさないように注意!)。バター大さじ1強を加えて混ぜる。

Wine Memo

鈴木屋酒店のレジ前定番商品のオッキピンティのケッパー。興味を持たれる方は多いのですが、なにせ1袋250gとなかなかの分量のため、買うのに勇気がいります。そんな方たちの背中をそっと押してあげるべく活用メニューをいろいろと提案するのですが、そのなかで興味を持っていただける筆頭メニューがこの「ケッパーポテトサラダ」です。これはわが家のオリジナルではなく、某ワインバーの名店へのオマージュです。使わせてもらっています。感謝。

ポテサラにケッパーの発酵した香り、旨みが加わっており、同じような要素がある自然派ワインの良きアテとなってくれます。

このワインはキリっと柑橘というよりも、だしっぽい旨み。人によっては漬物っぽさを感じるかもしれませんが、ケッパーポテサラとは好相性。

La Pierre de Sisyphe Blanc 2021 /
　Joseph Jefferies
ラ・ピエール・ド・シシフ・ブラン / ジョセフ・ジェフリー
ラングドック(フランス)
テレ・ブラン、テレ・グリ50%、ユニ・ブラン50%

おいしいものを使って―7
ボロネーゼラグー

材料（作りやすい分量）
猪もも肉、または猪肩ロース肉（かたまり）
　…約1kg
セロリ…1本
にんじん（小）…1本
玉ねぎ…1個
おろしにんにく（大）…2片分
塩…小さじ1強
クローブ…4粒
A
├ ケッパー（塩漬け）⑰…大さじ1
├ トマト缶…2個
├ ベイリーフ…5枚
└ 赤ワイン…2カップ強
黒こしょう…適量
オレガノ・タイム…各適量
オリーブオイル⑫…適量

作り方
1　猪肉はひと口大に切ってからミンサーにかけてひき肉にする（a）。
2　セロリ、にんじん、玉ねぎはみじん切りにする。Aのケッパーはみじん切りにする（b）。
3　厚手の鍋にオリーブオイルを熱して、にんにくを入れ、1の肉を鍋底に広げて入れる。塩をふって強火で焼きつけ、焼き目がついたら返して、クローブを加える。
4　両面に焼き目がついたらセロリ、にんじん、玉ねぎを加えてざっと炒め、Aを加えて（c）、こしょうを挽く。煮立ったら弱火にし、オレガノとタイムを加えてふたをし、30分ほど汁けが少なくなり、肉感が出てもったりするまで煮込む（d）。
＊　ひき肉で作るのが一般的ですが、ミンサーがあると好みの粗さに挽けて、脂身と赤身の量も調整できるので便利です。

a

b

c

d

「ボロネーゼラグー」を使って

ボロネーゼパスタ

材料と作り方（1人分）
1. パスタ⑱ふたつかみを好みの加減にゆでる。
2. フライパンにボロネーゼラグー（p.136）お玉2杯分を入れてパスタのゆで汁少々を加え、1のパスタとバター大さじ1/2を加えてざっと和える。
3. 器に盛り、パルミジャーノ・レジャーノ適量をけずり、黒こしょう適量を挽いてオリーブオイル適量をまわしかける。

* ヴィチドーミニのパスタはゆで時間が20分ほどかかります。ゆで上がり少し前に火を止め、湯の中で蒸らすとよりモチモチした食感になります。パスタがおいしいと塩、こしょう、バターで和えるだけでもごちそうになります。

Wine Memo （左から）

パスタを食べるときは速度が大事！ 一心不乱にかっ込みたい‼ というぼくのパスタの食べ方についてこられるのはこのワイン。微発泡赤ワインのランブルスコ。鈴木屋酒店ではこのシオール・ペポがランブルスコの定番です。ちょっと冷やしてどうぞ。

Lambrusco Sior Pepo / La Collina
ランブルスコ・シオール・ペポ / ラ・コッリーナ
エミリア・ロマーニャ（イタリア）
ランブルスコ、マルボ・ジェンティーレ

ボロネーゼをあくまで主役に、それに寄り添うように合ってくれるのがコレかな。チェリーのような果実感に一瞬「カワイイ系」と思わせておいて、ペッパーやタバコのようなスパイシーさ、酸もタンニンもきちんとあり、なかなかに芯はしっかりしています。

Rosso di Montepulciano 2021 / Sanguineto
ロッソ・ディ・モンテプルチアーノ / サングイネート
トスカーナ（イタリア）
サンジョヴェーゼ主体

ワインがソースのように、ボロネーゼに複雑みを一層加えるような合わせ。造り手ブレッサンの個性ともいえる香木のようなスモーキーさ、独特のスパイス感、熟度の高い果実の凝縮感ときれいな酸、タンニンが共存しています。ボロネーゼの深みとワインの深みがピタッと合わさる感じです。

Schioppettino 2014 / Bressan
スキオペッティーノ / ブレッサン
フリウリ（イタリア）
スキオペッティーノ

合わさり方だけみると、ブレッサンと同様な充実度なんですが、独特のエキゾチシズムというか、ワインから受け取る情緒、心象風景がフランス、イタリアなどと違うというか。東欧映画の独特の陰りみたいなものがワインから感じられ、ボロネーゼをインチキチェコ語風に「ボロネニツェ」と呼びたくなります。

BFMB 2020 / Richard Stavek
BFMB / リチャード・スタヴェック
モラヴィア（チェコ）
Rubinet, Sevar

吉田さんの野菜のこと

　わが家が日々お世話になっているのは、鎌倉の市場の仲の良い生産者の方と吉田さんの野菜です。吉田さんの野菜と出合ったのは意外な場所、以前から気になっていたラーメン屋さんに行ったときでした。そのお店はラーメン以外にも野菜を中心にしたつまみが充実していて、なかでも目を引いたのはサラダ。ラーメン屋でサラダ!?　と意外性にびっくりしてオーダーしましたが、食べてさらにびっくり。目の覚めるようなおいしさでした。その後、そのラーメン屋さんには足繁く通うようになり、店主の方と親しくなるなかで、お店が使っている野菜を作っている吉田さんを紹介していただいたというわけです。

　吉田さんは無農薬、無化学肥料、不耕起栽培の有機農業を実践されています。目指すところは、大きくしよう、大きさを揃えよう、たくさん収穫しよう、という人間の都合ではなく、野菜の都合で作る農業です。
　吉田さんはこう言います。「有機農業は自然の摂理に従う食糧生産方法。有機農産物を求めるのと同時に、自然を尊重した生き方をする消費者が増え

ないと有機農業は成り立ちません。そのため、販売先は生産者と消費者が直接対話できるよう、みずからが配達できる範囲に限って行っています」

　その輪の中にわが家も加わりましたが、配達エリア外のため、同じ思想をもったラーメン屋さんを中継地点にさせてもらい、週１回ラーメンを食べるとともにお野菜を引き取りにいくようになりました。鈴木屋酒店に来る、おいしいものを作り、食べることに興味のある友人たちに吉田さんの野菜を紹介し、共同購入するようになって早４年。この流れをつくったことで、自分たちもおいしいものが食べられるし、仲間ともそれを共有することができ、さらには生産者の存続にもつながっていく、いい連鎖が生まれました。いわば、これもひとつの循環です。こうやって消費者としてできる限りの努力をし、生産者の手伝いができればと、日々思っています。おいしいものを食べるには自分も努力しないと、です。

photo by Sara

Shop

鈴木屋酒店
神奈川県鎌倉市由比ガ浜 3-6-19
0467-22-2434
suzukiya_kamakura

丁稚・兵藤響稀
大きな身体に繊細な味覚の「口だけお坊ちゃま」。店主曰く、可能性の怪物。開眼するときはくるのか？（左）

バイトリーダー・奈良知美
天真爛漫な笑顔はどんなATフィールドも侵食していきます。2024年2月より単身スロバキアでワインづくりの研修中。(左より2人目)

Staff

狼少女
最年少ながら、調子に乗りがちなスタッフを戒めてくれる精神的支柱。(中央)

番頭・江澤智祐紀
人に、街に、野に、滝に……。ワイン携えどこまでも。鎌倉が誇る酒仙は、こころに乙女がおはします。(右)

女将・兵藤沙羅
ワインに囲まれた生活が夢、だったが、囲まれ方が想定外とボヤく日々。台所仕事に無上のよろこびを感じている。(奥右)

店主・兵藤 昭
在庫 is Power！をモットーに日々鬼仕入れ、スタッフを閉口させる天才。(奥左)

[著者紹介]

兵藤昭（ひょうどう・あきら）
130年以上続く酒屋「鈴木屋酒店」の4代目。おいしいものを見つけ、見極めることを得意とする。愛読書はニーチェ、ときどき漫画。最近はドラムの練習に加え、友人の影響でもともと好きだった音楽モードにもスイッチが入り、レコードにハマリ中。ここ数年、娘とライブに行くのが人生の楽しみのひとつに。

兵藤沙羅（ひょうどう・さら）
学生時代に過ごしたアメリカ暮らしから、さまざまな国の料理に興味を持ち、イタリアン、タイ料理などのレストランで学ぶ。現在は、鈴木屋酒店のまかないを担当。ときどきやって来るご近所のレストランの方々にもランチを振る舞うなど、気っ風の良さから大人気の人。鎌倉の自治体での活動と活躍もめざましい。

デザイン　中村善郎（Yen）
写真　広瀬貴子
企画・編集　赤澤かおり

鎌倉 鈴木屋酒店の自然派ワインとごはん

2024年10月5日　初版第1刷発行

著者　　兵藤昭
　　　　兵藤沙羅
発行者　増田健史
発行所　株式会社筑摩書房
　　　　東京都台東区蔵前 2-5-3 〒111-8755
　　　　電話番号 03-5687-2601（代表）
印刷　　TOPPANクロレ株式会社
製本　　加藤製本株式会社

本書をコピー、スキャニング等の方法により無許諾で複製することは、法令に規定された場合を除いて禁止されています。請負業者等の第三者によるデジタル化は一切認められていませんので、ご注意ください。
乱丁・落丁本の場合は、送料小社負担でお取り替えいたします。

©Hyodo Akira & Hyodo Sara 2024 Printed in Japan
ISBN978-4-480-87919-6 C0077